# 法理学
# 本体论讲义

王勇 著

图书在版编目(CIP)数据

法理学本体论讲义/王勇著. --北京：北京大学出版社,2024.6. -- ISBN 978-7-301-35147-5

Ⅰ.D90

中国国家版本馆 CIP 数据核字第 2024K3T759 号

| | |
|---|---|
| 书　　　名 | 法理学本体论讲义<br>FALIXUE BENTILUN JIANGYI |
| 著作责任者 | 王　勇　著 |
| 责 任 编 辑 | 孙维玲 |
| 标 准 书 号 | ISBN 978-7-301-35147-5 |
| 出 版 发 行 | 北京大学出版社 |
| 地　　　址 | 北京市海淀区成府路 205 号　100871 |
| 网　　　址 | http://www.pup.cn　新浪微博:@北京大学出版社 |
| 电 子 邮 箱 | zpup@pup.cn |
| 电　　　话 | 邮购部 010-62752015　发行部 010-62750672　编辑部 021-62071998 |
| 印 刷 者 | 北京鑫海金澳胶印有限公司 |
| 经 销 者 | 新华书店 |
| | 730 毫米×980 毫米　16 开本　14 印张　215 千字<br>2024 年 6 月第 1 版　2024 年 6 月第 1 次印刷 |
| 定　　　价 | 49.00 元 |

未经许可,不得以任何方式复制或抄袭本书之部分或全部内容。
版权所有,侵权必究
举报电话: 010-62752024　电子邮箱: fd@pup.cn
图书如有印装质量问题,请与出版部联系,电话: 010-62756370

# 序

　　一般说来，法学专业本科同学对于法理学教材和课程真正有好感的其实不多，但因为这门课程是法学专业的必修课程，他们不得不硬着头皮去"学"——实际上也多是死记硬背教科书上的那些"正确"的"判断""结论"及其"理由"或者"原因"。在绝大多数法学专业本科同学的眼中，法理学首先似乎与高中或者大学的政治理论课程差别不大，只不过"说辞"有些不同，因此难以吸引人，有时甚至有些令人讨厌；其次，法理学太抽象、太"玄乎"了，似乎处处透露出精心包装的不可接近的"高冷"，难以给人以亲切感；最后，法理学自认为、法学其他学科也恭维它是给整个法学提供思想、理论和方法论指导的，但学生在法理学课程学习中又很难体会到它对法学其他学科特别是部门法学有什么真正的"指导"。

　　从事法理学课程教学的老师们对这些情况都是心知肚明的。因此，这些年也出版过很多不同学者编著或者主编的不同风格的法理学教科书，意图给法理学教材和课程"换换装"，以改变一下它在法学本科同学心目中的那种不太受欢迎的形象，尽可能挽留住他们似乎在冷却中的心，并努力激发他们的好奇心和热情。

　　可以说，王勇撰写的这部《法理学本体论讲义》也是针对法理学教材和课程教学长期以来存在的上述缺陷而力图有所矫正的众多成果之一。作为一本个人独著的教材，这本讲义首先对通常的法理学教材的篇幅进行了较大程度的"瘦身",即只谈法理学中"法"的"本体论"问题,将法的历史、法与社会这类问题置于本教材之外。这既使法理学与法律史学的内容能够有所区分,也使法理学尽可能与政治理论课程在形式上有所分别,符合法学本科同学尤其是刚进入大学的低年级本科生的知识储备、理论认识与理解能力的实际。其次,这本讲义力求内容的"清晰"简洁,着力强化基本概念的清晰度、基础知识的整洁性,努力提升法理学知识供给的有效性。这也特别契合法学本科同学对法学专业的期待。最后,这本讲义中包含对具体部门法学知识和理论的较为广泛的应用,将具体法律文本和真实法律实践作为"示例"运用在相关章节中。这一方面体现出法理学与部门法学、法理学与法律实践在思想、观念、知识、理论和思维上的紧密联系;另一方面也使法理学至少在形式上不至于那么太抽象、太"玄乎"、太"高冷",从而让法学低年级本科生感到它是可以接近的,"敬畏"之下也就可能逐渐产生那么一点点累积的"亲切"感来。此外,这也能使法学本科生在直观上感受到法理学与部门法学、法理学与法律实践似乎的确也是彼此交融着的。

从法学基础知识层面来说,全面准确把握法的本体构造是学习法律和法学的前提,也是凝聚法治观念共识、推进法治实践的基础,对本体论知识的重视和强调是法理学教学的应有之义,这本讲义确实在一定程度上体现了法理学教科书在对学生的现代法治观念启蒙和专业性法律思维方式的培育方面的重要功能负载。

姚建宗

2024 年 4 月 20 日于海口海甸岛

# 目录

导言 / 001

## 第一章　法的概念 / 006
第一节　汉语所使用的"法" / 006
第二节　西方语言所使用的"法" / 011
第三节　法概念的定义方案 / 012

## 第二章　法的特征 / 023
第一节　法的基本特征 / 023
第二节　法的本质 / 029

## 第三章　法的作用 / 034
第一节　概念、特征与分类 / 034
第二节　法的规范作用 / 039
第三节　法的社会作用 / 043
第四节　法的局限性 / 044

# 第四章　法律渊源 / 047
　　第一节　法律渊源释义 / 047
　　第二节　当代中国的法律渊源 / 056

# 第五章　法的效力 / 069
　　第一节　法的效力概述 / 069
　　第二节　法的效力层次与适用原则 / 076

# 第六章　法的要素 / 080
　　第一节　基本释义 / 080
　　第二节　法律规则 / 085
　　第三节　法律原则 / 095
　　第四节　法律概念 / 101

# 第七章　法律体系 / 105
　　第一节　法律部门 / 106
　　第二节　法律领域 / 109
　　第三节　法律体系 / 111
　　第四节　当代中国的法律体系 / 112

# 第八章　法律行为 / 119
　　第一节　法律行为释义 / 119
　　第二节　法律行为的构成 / 125
　　第三节　法律行为的分类 / 132

# 第九章　法律关系 / 137
　　第一节　法律关系释义 / 137
　　第二节　法律关系的构成要素 / 144

第三节　法律关系的产生、变更和消灭 / 153

**第十章　权利原理** / 156
　　第一节　权利释义 / 157
　　第二节　权利与权力 / 163
　　第三节　权利与义务 / 169
　　第四节　权利与法律 / 174
　　第五节　权利义务的形态和分类 / 176

**第十一章　法律责任** / 182
　　第一节　法律责任释义 / 182
　　第二节　法律责任的归结 / 190
　　第三节　法律责任的实现 / 193

**第十二章　法治原理** / 197
　　第一节　法治概述 / 197
　　第二节　法治国家 / 208
　　第三节　当代中国的法治建设 / 211

# 导　言
Introduction

理论的魅力在于它清晰、简洁以及富有穿透力。

## 一、关于当前的法理学教材

在多年的教学体验中，我始终有个挥之不去的感觉——当前，作为法学院学生之"大学第一课"和"法学第一课"的法理学，很多时候是一个冗余物。说它冗余，一个是它自身内容方面的，它的篇幅、它的章节，特别是它所展示的知识、承载的思想越发膨胀，越发难堪重负。另一个是与相邻课程和科目相比，法理学所能供给的有益知识和有效知识越发无力和虚幻。有些法理学课程很少涉及具体的法律规范，其主讲者不懂或不愿意去懂实在法，若有人问其现实的法律问题，他们可能并不掌握法律规范，而书本上那些道理，或抽象，或宏大，或缺乏即刻进入的语境。在课堂上，如果只是循规蹈矩、照本宣科，满足于"复读机"或"传声筒"，那么主讲者所展示和传导的道理、学理和法理很难被大一（"高四"）学生立即接受。所以，可能出现这样尴尬的现实——法理、法理：一不懂"法"，二不讲"理"，包括教师，也包括教材。在很多法科学生的记忆里，法理学是艰深晦涩而言之无物的东西。所以，我逐渐产生了为法理学教材进行必要"瘦身"的想法，这个想法的一个直接产出就是摆在读者面前的这本讲义。

## 二、关于本书及其写作考虑

法理学的研究对象与知识体系庞杂繁复,大体可以分为本体论(概念论)、运行论(解释论)和价值论(法伦理学)三个部分。基于对法学院新生基础以及法理学和相邻课程知识衔接的考虑,对法的组成结构、运行过程与机理的阐释,应该是大一法理学教材与课程的核心内容和主要任务。从知识类型看,这些有关法组成、运行的知识属于法本体论(概念论)和法运行论(解释论)部分。抽象思辨的法价值论(法伦理学)部分,对缺少基础和阅历的大一("高四")学生来说,接受起来有些难度。至于传统教材中的法历史论、法社会论等部分,与本体论、运行论和价值论的知识关联性并不特别强,其内容相对通俗并且有相邻课程(法制史、法学导论等)讲授,可以将其从法理学中剥离。

基于上述稍显简单甚或偏颇的理解,本书的内容限于对法的构成元素的分析与讲述,是对法的本体构成进行专门阐述的课程讲义,笔者谓之"法理学本体论讲义"。实际上,更准确地讲,本书应该是有关"法的本体"的讲义。

关于什么是法,待正文部分阐释,这里先交代一下本书所使用的"本体"和"本体论"的含义。

简单地说,"本体"是一个源自哲学的概念,英文是 ontology,被定义为"对世界上客观事物的系统描述"。哲学所指的"本体"关注的是客观现实的抽象本质。近年来,"本体"这一概念在计算机领域也开始得到使用,被看成描述某个学科领域知识的一个通用概念模型。德国学者 R. 施图德(R. Studer)等人认为:"本体是共享概念模型的形式化规范说明。"[①]这个定义表达了四层含义:"共享"(share)、"概念化"(conceptualization)、"明确性"(explicit)和"形式

---

① R. Studer, V. R. Benjamins, D. Fensel, Knowledge Engineering, Principles and Methods, *Data & Knowledge Engineering*, 1998, 25(1-2): 161-197.

化"(formal)。① 我们可以这样理解：本体是从客观世界中抽象出来的一个概念模型，这个模型包含某个学科领域内的基本术语和术语之间的关系（或者称为"概念以及概念之间的关系"）。本体不等同于个体，它是团体的共识，是相应领域内公认的概念集合。

基于上述理解，本书所使用"法的本体"侧重两个方面：第一，力图以概念化、明确性和形式化的方式，通过拆解和组合的形式展示法这一复杂事物的基本元素和结构组成。第二，以要素拆解和组合的形式，把法的组成单位以及法体系、法律关系、法律责任等概念和范畴清晰化、模型化，提高认知共识，减少差异理解，从而在法学知识学习和法律实践中节约沟通成本。

市面上的优秀法理学教材很多，我关于本书的考虑很直接：第一，释放法理学的理论魅力。法理学的知识体系和教材内容要避免冗余和空洞，要讲理，要提供具有穿透力和解释力的知识。第二，强化法理学的基础功能，发挥其对法律和法学的基础性和实效性支撑效应。法理学要接近和触碰实在法，既要懂法，也要讲理。

本书以法的本体为阐释对象，目的在于让法学院新生先纯粹地认识和掌握法的构成元素和呈现方式。本书内容包括两类：第一类是从外在形式或外观上去识别法律，包括法的概念、法的要素、法律渊源、法的效力、法律体系等。这部分知识是从外在构成元素和构成形态等方面展示法律的外观和轮廓，侧重于法律的外在表现形式。第二类是法的内在内容，包括权利、义务、权力、责任、关系等。这部分知识侧重从法所要实现的利益来展示其内在属性和内容。

---

① "概念模型"是指通过抽象出客观世界中一些"现象"(phenomenon)的相关概念而得到的模型，其表示的含义独立于具体的环境状态；"明确"是指所使用的概念及使用这些概念的约束都有明确的定义；"形式化"是指 ontology 是计算机可读的，也就是计算机可处理的；"共享"是指 ontology 中体现的是共同认可的知识，反映的是相关领域中公认的概念集，它所针对的是团体而非个体。ontology 的目标是捕获相关领域的知识，提供对该领域知识的共同理解，确定该领域内共同认可的词汇，并从不同层次的形式化模式上给出这些词汇(术语)和词汇之间相互关系的明确定义。参见刘峤等：《知识图谱构建技术综述》，载《计算机研究与发展》2016 年第 3 期。

事实上，整个法的本体论部分的核心就是诠释法的概念，是从不同的角度和语境解释法是什么。

（1）法的特征，侧重从对比和差异看法律是什么和不是什么，注重比较视角；

（2）法律渊源，侧重从法的存在形态看法律是什么；

（3）法的效力，侧重从法的约束力看法的独特性；

（4）法的要素，侧重从法的组成结构和因子展示法的构造，注重微观视角；

（5）法律体系，侧重从宏观和整体视角看法律，法律表现为从规范到部门和领域再到体系。

以上是从外在表现形式的视角，从不同角度说明法是什么，但这些肯定是不够的，我们还需要从实质和内容上来理解法律：

（1）法律行为、法律条文乃至法律规范本身是静态和枯燥的，若没有将其用于规范和评价行为，则法律没有任何意义；正因为有了行为（限于法律调整的行为），法律才有了生命。法律是调整行为的规范，在行为中理解法律，才能获得法律的意义。

（2）法律关系、权利义务、法律责任。由于资源的稀缺和需求的多样，人与人之间会产生各种性质的关系，有的基于合法或正当的理由，有的则未必。法律关系，凸显了法律的一个特征和功能，就是类型化处理人、权利义务和附着各种利益的客体。法律不关心具体的人，但法律关系以权利义务这个法律上的"一般等价物"的形式处理具体的人在具体的场景中的利益关系。

### 三、关于如何学习法理学

本书是一个尝试。给法理学教材"瘦身"，增加理论的密度和解释力，让理论在其应有的"射程"内呈现解释力和征服力，让法学院新生保有对理论的热情和信心，敢于靠近、接触理论并参与其生产。学习法理学，要勤于从具体细节和事例中提炼问题和理论。我在求学和教学过程中，听闻和体验了很多

与法、法理有关的事例以及学生们的诘问,并加上部分我的思考,比如:

事例一:1994年,我去高中报到前,父亲对我说:"儿子,从今天开始,你要认真学习了。"说完转身离开,留下了错愕的我——父亲这样讲,我很容易理解为他认为我之前没有好好学习,这肯定不符合我的自我评价。多年以后,学了法学的我才悟出父亲省略的后半句——因为你还没有迈进高考的考场,你可能就比隔壁省份的考生少了20分或30分。

我,一个家在农村的普通考生,当时还不明白"法律面前人人平等"是什么含义。

事例二:2001年,为了固定我和漂亮女友的关系,精心准备的我庄严地向她求了婚。结果人家不屑地对我说,"拜托,亏你还是一个学法的人,回去翻翻《婚姻法》,你有资格和我结婚吗?"面对白纸黑字关于男子不早于二十二周岁结婚的规定,我又错愕了——《宪法》规定十八周岁就有政治权利了,《兵役法》规定年满十八周岁的男性公民有服兵役的义务。你说,十八岁就能上战场对付敌人了,我要再历练四年才能进入婚姻面对女人,你想告诉我什么道理?

我,一个成年的男性公民,当时还不明白"法律面前人人平等"是什么含义。

事例三:大概是2020年,一个学生兴高采烈地找到我说,"老师,这回你再也不用纠结重庆的'同命不同价'案了,《民法典》规定了,因同一侵权行为造成多人死亡的,可以按相同数额确定死亡赔偿金"。我不知怎么想的,就追问了一句——那农村人是不是得庆幸自己和城里人死在一起?这回,错愕留给了学生。

我,一个以法学为业的人,还得继续在课堂上尝试用"专业逻辑"讲述"法律面前人人平等"的含义。

…………

这样的事例可以有很多,不是因为它们真的都发生过甚至发生着,而是因为思考,我思故我在。但我更想说的是——因为我们思考,所以它们存在。

# 第一章

## 法的概念

法的概念是学习法律和法学要解决的前提性问题,是法理学研究中的一个基础性和经典性问题。为清晰地解析法的概念,我们从语言习惯和法的基本成分两个方面入手。从语言表述方式上看,无论汉语还是西方语言,用来表示"法""法律"的语词都比较复杂,这些词语体现了人们对法与准则、尺度、公平、是非等观念之间关系的理解。从概念充分性方面看,与汽车、图书等可以具象化的事物不同,我们无法找出一个对应的物理性存在物来识别"法律"。理解法的概念、把握法的构造,可以把定义法的概念所需要的成分或要素加以类型化,模块化地处理其必要组成成分,这些成分涉及制定主体、本体要素、保障条件、作用媒介等。

### 第一节 汉语所使用的"法"

#### 一、"灋"字拆解

迄今为止的文字学和考古学研究表明,我们现在所使用的"法"字的古体为"灋"(fèi)。这个字最早出现在西周康王时期铸就的大盂鼎上。大盂鼎铭文中有两处使用了"灋"。一处为"天翼临子,灋保先王",另一处为"勿灋朕命"。学术界关于这两处文字中的"灋"究竟作何种解释,一直处于争论中。

在梳理"法"和"法律"的词义之前,我们首先来辨析一种已经接近于共识和常识的观点。在目前法学院课堂上通行的法理学教材中,在讲述法的概念时,一般都会引述东汉许慎《说文解字》中的一段话并用它来解析"法"的含义:"灋,刑也,平之如水,从水;廌,所以触不直者去之,从去。"多数法理学教材都会作如下三层意义解析和引申:(1) 在中国古代,法、刑通用;(2) 从古代起,法就有公平的象征意义;(3) 古代法具有神明裁判的特点。以下将分析上述解释是否妥当,并在此基础上阐释"法"的汉语词义。

1. 从字形组合看法的表意,"灋"由"氵""廌"和"去"三个部分组成

第一,"氵"。即水,与法相关之意有:(1)"水"意味着漂流,蔡枢衡先生的解释为触水而去。在分析"去"的含义时,他指出,"众追就是驱逐,亦即陆上放弃,灋是水上流去,方法虽异,作用相同"。①武树臣教授指出,水的原始功能是禁忌和流放,消除犯罪以确保平安。② 我们引申一下,可以把水理解为一种类似于流放的刑罚或刑罚执行方式——将人置于水上,沉溺则罪有应得,脱免则情有可原。(2)"水"意味着观察、认识和评价的工具或标准。《尚书·酒诰》中引述古人言,"人,无于水监,当于民监。"这句话的意思是说,不能只用水作镜子来观察自己,还应该把民众作为镜子用来观察、反省自己。这里的水,具有映射、评价的意思。(3)《说文解字》关于水的释义:"水,准也。北方之行。象众水并流,中有微阳之气也。"结合前面的"平之如水",水有平、准等意思。"准"意为测量水平的工具。《管子·水地》中说:"水者,万物之准也。"《白虎通义·五行》中说:"水之为言,准也。养物平均,有准则也。"这里,水仿佛被引申作为规范和标准的意思。

第二,"廌"(zhì)。据考证,这个字已经出现在甲骨文中,为传说中的一

---

① 参见蔡枢衡:《中国刑法史》,广西人民出版社1983年版,第170页。
② 参见武树臣:《寻找最初的"法"——对古"法"字形成过程的法文化考察》,载《学习与探索》1997年第1期。

种独角神兽。《论衡·是应》中说:"獬豸者,一角之羊也,性知有罪。皋陶治狱,其罪疑者,令羊触之,有罪则触,无罪则不触。"《说文解字》说:"廌,解廌,兽也。似牛,一角。古者决讼,令触不直。象形,从豸省。"这个字的含义相对明确,作为象征或引申的功能使用;"廌"作为一种具有特异功能的神兽,可以协助决讼。

第三,"去"。甲骨文中已经出现"去"字,意思是跨越沟坎,有"违离"的意思。金文中的"去"则已经有"离开"的含义。《说文解字》说:"去,人相违也,从大,凵声。"结合它对"触不直者去之"的表述,这里的"去"更多地表示"驱逐""放逐"的意思,也可以引申为将其从正确、集体的一边开除出去。

依循更精细的分析,蔡枢衡先生指出,水是远古时期的一种刑罚,把罪者置于水上漂流而去,今谓驱逐。置于水之一去不返,寓意为此种惩罚不可挽回。由此,他明确指出,许慎在《说文解字》中作出的所谓"平之如水"的解释,实乃"后世浅人所妄增"。① 那么,关于"灋"是否具有公平、正义的意思,似乎应该直接取决于关于"水"的解释,对此并没有定论。就此,郑成良教授指出,文字初成之时,以法入水,究竟取平之如水还是顺水放逐之义,现有两说均不失为后人之合理猜想。从法律文化的角度看,"平之如水"反映了中华民族对法律功能的一种"集体想象"。②

2. 从"灋"的本身字义来认识和理解

"灋"古音为"fěi",甲骨文未见,目前可知的是它首先在金文中出现。关于大盂鼎铭文中"天翼临子,灋保先王"以及"勿灋朕命"两处文字中所使用的"灋"的含义,王国维先生指出,"灋"义为"大","灋保先王"即为"大保先王"义。胡大展教授认为,"灋"是一种判决,"灋保先王"即"神的肯定性的判决保护先王"。武树臣教授认为,"灋"为"效法","保"为"褒扬",即"效法褒扬先王"。③ 但是,清代古文字学家吴大澂在其《说文古籀补》中说,"古文

---

① 参见蔡枢衡:《中国刑法史》,广西人民出版社1983年版,第170页。
② 参见郑成良:《法律之内的正义》,法律出版社2002年版,第4页。
③ 参见武树臣:《寻找最初的"法"——对古"法"字形成过程的法文化考察》,载《学习与探索》1997年第1期。

法废为一字"。朱红林教授指出,大盂鼎铭文中的"灋"字一般读为"废",有两个含义,分别是"弃"和"大"。金文多取前义。在金文中,"灋"即为"废","灋"的本义就是"废弃",不能作"法""法度"之解释。

关于"废",《周礼·天官大宰》注:"废,犹遏也。"《国语·郑语》注:"废,禁也。""灋"本义即为禁止与屠戮。东汉刘熙在《释名·释典艺》中说,"法,逼也。人莫不欲从其志,逼正使有所限也。"由此,"法"有两个意思,一是禁止,二是命令,并共同衍生出刑罚的意思,如《管子·心术》中所说的,"杀戮禁诛谓之法",或如《盐铁论·诏圣》中所说的,"法者,刑罚也,所以禁强暴也"。① 基于此,从词源学的角度看,很难直接将"灋"解析为"公平"的意思,并且通过直接解释字义和词义的策略也无法支持古代中国法具有公平的含义。那么,能否通过解释"法"的近义词来说明法律自古就有公平的含义呢?

## 二、相关语词辨析

从法的近义词看法的含义。在古汉语中,"法""刑""律"三者是可以互训的,在不同的历史时期,它们分别表征了法律这种事物。

从历史上看,作为规则和刑罚的根据,夏、商、西周三代法的用词是"刑"。《左传》中叔向说,"夏有乱政,而作《禹刑》;商有乱政,而作《汤刑》;周有乱政,而作《九刑》"。"刑"是"荆"的异体字,《集韵·清韵》:"荆,通作刑。"《说文解字》中指出,"荆,罚罪也。从井从刀。"根据西汉末年《春秋纬元命苞》一书所载,"荆,刀守井也。饮水之人入井争水,陷于泉,刀守之,割其情也。"《说文解字》中说,"罯以刀守之则不动矣。今作罚用寸。寸,丈尺也,言纳以绳墨之事。"由此可以看出,"刀守"发挥了"绳墨"的尺度之功能。到了春秋战国时期,用"法"来指称法律,如《管子·明法解》中的"法者,天下之程式也,万事之仪表也"。《管子·七主七臣》中指出,"夫法者,所以兴功惧暴也;律者,所以定分止争也;令者,所以令人知事也。法律政令者,吏民规矩绳墨也。""律"早在甲骨文中即已出现,但为音律义。"律"作为法律

---

① 关于"灋"与"法"等问题的详细讨论,参见张永和编:《"灋"问》,清华大学出版社2010年版。

之义应该是战国时期的事,通常认为这与商鞅变法有关。商鞅以《法经》为蓝本制定《秦律》六篇,历史上称为"改法为律"。关于"律"字的释义,《说文解字》中指出,"律,均布也。"《尔雅·释言》载:"律,铨也。"《尔雅·释诂》中解释:"律,常也。"东汉刘熙在《释名·释典艺》中指出,"律,累也。累人心使不得放肆也。"清段玉裁注《说文解字》说,"律者,所以范天下之不一而归于一,故曰均布也。"《唐律疏议》则明确指出:"法亦律也,故谓之为律。"总结"律"的含义,大概有三,分别是音律、矫正音律的器具、军令法令。

可以说,无论是刑、法还是律,在表意层面都很难得出古代中国"法律"这种事物有公平之意。实际上,仅就属性和功能而言,"法""刑""律""则""范"等表征法律的词语,一个最低限度的共同含义在于它们都表达了规矩、尺度、标准的含义。相对而言,这个含义明确、清晰而持续。《墨子·法仪》中说,"天下从事者,不可以无法仪;无法仪而其事能成者,无有也。虽至士之为将相者,皆有法;虽至百工从事者,亦皆有法。百工为方以矩,为圆以规,直以绳,衡以水,正以县。无巧工不巧工,皆以此五者为法。"在我国法制传统中,刑、法以及律,与礼一起构成主要的行为规范和裁判规范,正如《左传·成公十三年》所指出的,"国之大事,在祀与戎。"《尚书·甘誓》也有相关表述,"用命,赏于祖。弗用命,戮于社。"可见,礼乐征伐构成当时维持内外秩序的主要策略。

当然,除了法与公平之间的语义纠葛,我国古代"法""刑"通用,以及古代中国法所具有的神明裁判的意象,倒是明显的事实。① "法""刑"通用以及神明裁判,表明惩罚、杀戮及由其引申的压制、控制,以及赋予法律威严和超验意涵,是古代中国法在其发展早期就有的意象。

---

① 关于"法""刑"通用的认识,朱红林教授曾提出异议。他认为"灋"是"刑"的一种,两者并非能够互指。参见朱红林:《"法"义追寻》,载《法制与社会发展》2008 年第 3 期。

## 第二节　西方语言所使用的"法"

在西方语言中,表征"法""法律"这种事物的用语同样较为复杂。根据梁治平先生的研究,在拉丁语中,*Jus* 和 *Lex* 分别代表两种意义上的法。其中,*Jus* 有两个含义,一是法,二是权利。罗马法学家塞尔苏斯曾经给法下过一个定义,"法乃善与正义之科学"(*jus est ars boni et aequi*),就是取 *Jus* 的法之意,而拉丁语格言"错误不得产生权利"(*jus ex injuria non oritur*)则是取其权利之意。同时,*Jus* 还有正义、公平的道德意蕴,通常在形而上学的意义上使用。而 *Lex* 则是一个经验范围内的概念,原指罗马王政时期国王制定的法律和共和国时期各立法机构通过的法律,它所表征的对象具体而确定。

英语中的 law 同汉语中的"法律"对应,这个词语源于北欧,大约在公元 1000 年左右传入英格兰,它并不具有权利的意思。《布莱克维尔政治学百科全书》指出,law 这个术语有两种完全不同的用法,"第一种是指在理性人的事务中所建立的任何规范秩序(如土地法、神法、道德法、高尔夫球规则)。第二种是指在自然的或社会的进程中被认为是普遍存在的规律性的东西或必然的东西(试比较:运动法则、热力学定律、供求规律、利润递减律)"。第一种法是"规范的法",它为人的行为以及对人的行为的评价提供了标准。第二种法是"描述性法则"或"科学规律"。这种关于 law 的解释体现了语言符号在所指和能指之间的关联。[①]在西方法理学和法律思想史上,关于如何认识和处理法律这种事物,有"自然法"(Natural Law)学派和"法律实证主义"(Legal Positivism)两个理论阵营的分野。人类所建立的行为规范是否成为"法",取决于它们是否派生于预先假定或众所周知并认可的基本原则,对这个基础或原则的不同理解,分别构成两个流派对法这种事物的"规范性"或"约束力"的证明基础。

---

① 参见〔英〕戴维·米勒、韦农·波格丹诺主编:《布莱克维尔政治学百科全书(修订版)》,邓正来译,中国政法大学出版社 2002 年版,第 427 页。

英文中与 *Jus* 相近的词语是 right，它表示权利，同时也指"作为一切权利基础的抽象意义的法"。① 据考证，自9世纪起，right 的核心意思就是直、尺度，从中可以引申出正当的含义。由此，right 有两个层面的含义，一是法律，指向确认合法的权利和利益，二是将具体层面的权益上升为自主性，并具有正当、正确的含义。②在现代政治哲学与法律哲学中，right 表达一种利益得到法律支持和保护的制度性安排，或表达一种关于制度安排应该建立并得到维护和尊重的正当合理要求，或者是支持正当合理要求的道德原则。③

另外，根据梁治平教授的研究，在欧洲大陆各主要民族语言中，广义的法律与狭义的法律分别用两个不同的词语来表达，这种语言现象在欧洲相当普遍。例如，与 *Jus* 含义相当的词语有 droit（法语）、Recht（德语）、diritto（意大利语）、derecho（西班牙语）等，与 *Lex* 含义相通的词语有 loi（法语）、Gesetz（德语）、legge（意大利语）、ley（西班牙语）等。特别值得注意的是，西方语言中的 *jus*、droit、Recht 等词语不仅有法的意思，而且兼有权利、公平、正义等内涵，而 *lex*、loi 等仅指具体规则。这种现象从语言学的角度支持了西方法律思想史上关于自然法和实在法的分野。

## 第三节 法概念的定义方案

### 一、定义策略

概念是一种指代和描述，传统定义理论把定义分为名词定义和事物定义。名词定义是基于对名词、语词的意义以及这一词语使用方法的约定而

---

① 参见梁治平：《法辨：中国法的过去、现在与未来》，中国政法大学出版社2002年版，第64页。
② 参见金观涛、刘青峰：《观念史研究：中国现代重要政治术语的形成》，法律出版社2009年版，第103—104页。
③ 参见〔英〕戴维·米勒、韦农·波格丹诺主编：《布莱克维尔政治学百科全书（修订版）》，邓正来译，中国政法大学出版社2002年版，第711页。

形成的概念。事物定义是在确定事物本质时所界定和使用的定义。

名词定义方案,与定义旨在指代和描述的对象之间没有镜像或映射关系。所以,前两节对表征法律这一事物的词语考证,并不能让我们从组成成分或要素上理解法律是什么。理解法律,我们本能地想将其形象化或者具象化,把"法""法律"的语词与某个外显的、可物化呈现的事物对应起来。比如,当说到"教室""汽车""足球"等语词时,我们的脑海中可以呈现一个具象化的对应物,类似于 a 与 a1、a2、a3……的从抽象到具象的思维方式。但是,当我们说到"法""法律"时,尽管脑海中可能出现《民法典》、法官、法庭、裁判文书、国徽等关联具象,甚至还有某些法律条文表意载体。但是,《民法典》呈现的是一个有关"法"的物,法官是一种职业,而国徽所包含的意义远不止于"法律"。这些具象都与"法""法律"有着关联,但却不是法的自身,甚至不是法的具体形态。法律是一个无法简单进行具象化呈现的事物。①

事物定义方法是寻找具象并界定本质特征的定义策略或方案,即对于事物的本质特征或一个概念的内涵和外延所作的确切表述。其代表性的定义方式是"种差+属"定义,即把某一概念包含在它的属概念中,并揭示它与同一个属概念下其他种概念之间的差别。② 例如,等边三角形的定义为:三边长相等的三角形叫等边三角形,可用一个公式表示:等边三角形=三条边长度相等(种差)+三角形(属)。比如,德国法学家伯恩·魏德士(Bernd Rüthers)指出,"法是现行规范的总和,即是由立法者颁布并(或)由适合法院适用的规范的总和"③。由于事物属性多样,种差的类别各不相同,因此事物定义的方法分为性质定义、发生定义、关系定义、功用定义等。通过分析事物定义的方法能够尽可能地帮助我们把握法律的构成要素、特征和本

---

① 在西方的法理学中,基于寻找本质要素的定义策略或定义方案中,最具代表性的法概念论是规范说和事实说。前者主张法律是社会规范,后者主张法律是一种社会事实。

② 参见梁庆寅:《传统逻辑与现代逻辑的定义理论比较》,载《中山大学学报(社会科学版)》1997 年第 5 期。

③ 〔德〕伯恩·魏德士:《法理学》,丁晓春、吴越译,法律出版社 2013 年版,第 28—29 页。

质,以便完成对法概念的解释(界定法律是什么)。

## 二、典型方法

为尽可能形象地说明法律是什么,我们根据使用"法律"的不同语境,即法的本体、源起和作用,分别给予说明。

1. 通过法的本体认识和定义法

这还是一种具象化或还原论的策略,努力把法律具象化为某种本体性事物,或物化为某种基础性的组成要素,由此来表达法律的形象或成分。较为典型的学说有命令说和规则说。

(1) 命令说。命令说主张法律是一种有约束力的命令。英国法学家约翰·奥斯丁(John Austin)指出,法是主权者所发出要求受动者为或不为的命令、指令。奥斯丁指出,"所有'法'或'规则'(作为能够准确地给予最为丰富含义的术语),都是'命令'。我们也可以这样认为:人们所说的准确意义上的法或规则,都是一类命令。"①奥斯丁把法律归结为主权者、命令和制裁的统一体,其中命令占据中心的地位。命令的特征在于,"命令一方在自己没有被要求服从的情形下,可以对另外一方施加不利的后果,或者痛苦。"②命令是一种希望另一个人进行或停止某种行动的表示,并附有不服从时的一种不利后果的威胁。同时,命令以及基于命令而形成的服从义务,是以制裁为后盾的,是以发生不利后果的可能性作为强制实施条件的。奥斯丁的命令说包含三个要素:优势者或者命令者、服从的要求和意愿、惩罚或不利后果。实际上,奥斯丁对法、命令的论断是有明确所指的,"如果一个命令具有普遍的行为约束力,而且,对之服从的行为主体也是普遍的,那么,这个命令就是法,或者规则。"③奥斯丁的法概念的定义策略能够得到规范例证,比如《中华人民共和国刑法》(以下简称《刑法》)第232条规定,"故意

---

① 〔英〕约翰·奥斯丁:《法理学的范围》,刘星译,中国法制出版社2002年版,第17页。
② 同上。
③ 同上。

杀人的,处死刑、无期徒刑或者十年以上有期徒刑"。当然,这种定义方案也遭遇了很多质疑,比如它无法把法律与劫匪的命令、强盗团伙的命令区别开来,无法解释主权者自己也要服从法律等问题。命令说的阐释者还有霍布斯、边沁等人。

(2) 规则说。规则说主张法是规则,法律是行为和评价行为的准则和标准。《说文解字》中说:"规,有法度也。从夫从见。""则,等画物也。从刀从贝。"清段玉裁在《说文解字注》中说:"圆出于规,方出于矩。古规矩二字不分用。犹威仪二字不分用也。""规""矩"连用表征法度和界限。春秋战国时期的管仲指出,"法者,天下之程式也,万事之仪表也";"法律政令者,吏民规矩绳墨也"。程式、仪表、绳墨都是一种尺度、标准和规矩。英国法学家H. L. A. 哈特(H. L. A. Hart)提出了规则说。他认为,奥斯丁把法律还原为一个简单类型的命令是错误的,命令说混淆了"被强迫"(feeling obliged)和"有义务"(having an obligation)之间的差别。奥斯丁基于预测惩罚后果的观点,没有顾及审视法律规则的内在视角。哈特指出,就遇到红灯时停下来这一规则,"红灯并非仅仅是其他人将会停下来的征兆,而是他们停下来的信号,这个信号同时也是他们停下来的理由"①。哈特认为,法律基于其内在特征(内因)使人们确信守法是一件基于履行法律义务的行为,法律规则载明了行为的准则,由守法责任感驱使人们遵守法律。

哈特指出,法律是第一性规则和第二性规则的组合。第一性规则设定社会成员应当遵守的义务,要求人们做什么和不该做什么。第二性规则是有关规则的规则,用于处理第一性规则的制定和实施事宜。第二性规则包括承认规则、改变规则和审判规则,三者的存在把规则与外部性的命令等区别开。其中,承认规则在法律体系中居于核心位置,它是确认一定社会法律渊源的规则,解决了规则的合法性和效力问题。例如,《中华人民共和国立法法》(以下简称《立法法》)第10条第2款规定:"全国人民代表大会制定和修改刑事、民事、国家机构的和其他的基本法律。"从实用的角度,魏德士指

---

① 〔英〕H. L. A. 哈特:《法律的概念(第二版)》,许家馨、李冠宜译,法律出版社2006年版,第85页。

出,"法是现行规范的总和,即是由立法者颁布并(或)由适合法院适用的规范的总和。"①

除了命令说和规则说,基于本体视角的还有判例说。美国法学家约翰·奇普曼·格雷(John Chipman Gray)指出,法律体现在法院的判决中,"一国法院发布的规则恰好表达了当前的法律"②。

2. 通过法的起源认识和定义法

这种定义策略努力追溯法的出处或起源,由此来显示法与派生出法的基础性事物之间的关系。较为典型的有:

(1) 神意论。神意论认为,法出自先知或上帝等某种超验的力量,帝王所制定或发布的法律来源于神的意旨或神的启示。神意论通常与"君权神授"等观念结合在一起,它用宇宙中某种主宰一切的神秘精神力量来解释王权和法律的形成,论证统治秩序和法律强制的正当性。

(2) 理性论。理性论认为,法来自人的理性。古罗马的马尔库斯·图利乌斯·西塞罗(Marcus Tullius Cicero)指出,"法律乃是自然中固有的最高理性,它允许做应该做的事情,禁止相反的行为。当这种理性确立于人的心智并得到实现,便是法律。"③

(3) 意志论。意志论认为,法是某种个人意志或公共意志的成果。如黑格尔(G. W. F. Hegel)认为,法是自由意志的体现。④ 让-雅克·卢梭(Jean-Jacques Rousseau)认为,"法律乃是公意的行为。"⑤《韩非子·定法》中说:"法者,宪令著于官府,刑罚必于民心,赏存乎慎法,而罚加乎奸令者也。"

---

① 〔德〕伯恩·魏德士:《法理学》,丁晓春、吴越译,法律出版社 2013 年版,第 28—29 页。
② 〔美〕约翰·奇普曼·格雷:《法律的性质与渊源》,马驰译,商务印书馆 2022 年版,第 92 页。
③ 〔古罗马〕西塞罗:《论共和国 论法律》,王焕生译,中国政法大学出版社 1997 年版,第 189 页。
④ 参见〔英〕韦恩·莫里森:《法理学:从古希腊到后现代》,李桂林等译,武汉大学出版社 2003 年版,第 182 页。
⑤ 〔法〕卢梭:《社会契约论》,何兆武译,商务印书馆 1980 年版,第 51 页。

3. 通过法的作用认识和定义法

这种定义策略强调法的功能和作用,从而将其与其他事物区别开来。典型观点有:

(1)正义论。正义论认为,法律是实现公平和正义的工具。古罗马的奥卢斯·科尼利厄斯·塞尔苏斯(Aulus Cornelius Celsus)指出,"法是善良公正之术。"①美国政治哲学家约翰·罗尔斯(John Rawls)指出,"法律和制度,不管它们如何有效率和安排有序,只要它们不正义,就必须加以改造或废除。"②

(2)社会控制说。社会控制说认为,法律是进行社会控制的手段。美国法学家罗斯科·庞德(Roscoe Pound)指出,法律是"依照一批在司法和行政过程中使用的权威性法令来实施的高度专门形式的社会控制"③。美国法学家朗·L. 富勒(Lon L. Fuller)指出,"法律是使人们的行为服从规则治理的事业。"④

(3)权利保障说。德国法学家鲁道夫·冯·耶林(Rudolf von Jhering)指出,"权利自身不外是一个在法律上保护的利益。"⑤法律的作用在于确认和保护权利。美国法学家罗纳德·德沃金(Ronald Dworkin)认为,权利是行动的理由,法律及政府机关要认真对待权利。⑥

4. 通过法的内容认识和定义法

这种定义策略主要强调法律所承载的独特内容。1847年,马克思在

---

① 〔爱尔兰〕J. M. 凯利:《西方法律思想简史》,王笑红译,法律出版社2002年版,第64页。
② 〔美〕约翰·罗尔斯:《正义论(修订版)》,何怀宏等译,中国社会科学出版社2009年版,第3页。
③ 〔美〕罗斯科·庞德:《通过法律的社会控制》,沈宗灵译,商务印书馆1984年版,第22页。
④ 〔美〕富勒:《法律的道德性》,郑戈译,商务印书馆2005年版,第125页。
⑤ 〔德〕鲁道夫·冯·耶林:《为权利而斗争》,郑永流译,法律出版社2012年版,第21页。
⑥ 参见〔美〕罗纳德·德沃金:《认真对待权利》,信春鹰、吴玉章译,中国大百科全书出版社1998年版,第243—270页。

《哲学的贫困》中提出一个著名的论断,"无论是政治的立法或市民的立法,都只是表明和记载经济关系的要求而已。"①马克思主义法律理论集中强调法律是对经济利益和经济关系的反映。历史法学派弗里德里希·卡尔·冯·萨维尼(Friedrich Carl von Savigny)则指出,法律是民族精神或历史文化的体现。② 今天,我们经常听到这样的说法:现代法治语境下,宪法是载明公民权利的宣言书。

大体而言,基于本体视角的定义策略着重于阐释构成法律这一事物的要素或材料;起源论的视角意在说明法律是来源于某种力量或事物的派生物,法律是特定"意志"的成果;功能论视角的定义策略侧重于说明法律有什么用,正是这种独特性的功能使之区别于其他事物,非专属于法律所特有的作用,就不是定义法所必要的内容;基于法的内容视角的定义,突出了法所承载、体现和保护的权利、利益或正义的等价值性或评价性内容。

可以看出,上述定义策略虽然无法把法律这种事物非常明确地具象化,也很难将其表征形态类型化,或组成方式要素化,但是这些定义方式可以帮助我们认识到解释"法律是什么"需要明确的问题:

(1) 法律的形式化或实质化的组成要素是什么;

(2) 法律所承载或针对的实际内容或对象是什么;

(3) 法律由谁或什么力量制定;

(4) 法律的存在方式和作用方式是什么;

(5) 法律有什么独特的为其他类型事物所无法替代的功能;等等。

### 三、本书的定义

要理解法的概念,把握法的构造,就要把定义法律的要素加以分解,模块化地处理法概念的必要组成或成分,这些成分涉及制定主体、本体要素、保障条件、作用媒介等。

---

① 《马克思恩格斯全集》第 4 卷,人民出版社 1958 年版,第 121—122 页。
② 参见〔爱尔兰〕J. M. 凯利:《西方法律思想简史》,王笑红译,法律出版社 2002 年版,第 308 页。

(一) 法的定义

基于上述分析,结合国内法学界的相关研究,本书认为,法是指由国家专门机关创制的、以权利义务为调整机制并通过国家强制力保证实施的调整人的行为和社会关系的规范,它是通过调整和保障利益实现特定调整目标的工具。①

这个定义,从法律的创制主体(国家)、内容和调整机制(权利、义务)、调整对象(人的行为、社会关系)、功能(调整和保障利益、统治与管理)等方面明确了法律的基本构造,阐释了认识法律所需要关注的要素。但是,这个定义策略和方式将法律视为立法者颁布的规范,偏重于照顾理解上的便利以及追求表述清晰,对于作为正式法之素材的其他类型的规范及材料、法所涉及的公平和正义等价值层面的因素以及法的产生和实施过程中多数公民认可和参与等问题没有涉及。

总结而言,一个立足于便利初学者理解的法概念或定义,需要明确如下成分或因素:

第一,法律的创制和实施主体。在现代法治国家,一般认为法律源自国家,由特定的国家机关来创制和实施法律,即"法是由国家制定的规则"。根据国情的不同,这些主体分布于代议机关、司法机关等。

第二,法律的本体构造。法律是调整人与人之间的关系即社会关系的规范。这一表述强调了"法是规范"。作为社会规范的法,其本体构造由规则、原则等构成。这些规则、原则具有指引、评价、预测人们如何行为的尺度、标准等作用,而这些作用的发挥,前提是规范要具备其特定的结构要素。②

第三,法的调整对象。阐释法的概念,需要明确法所针对的对象或者说法的作用对象是什么。法是"调整人的行为和社会关系的规范",此处的"行

---

① 参见张文显主编:《法理学(第三版)》,法律出版社 2007 年版,第 102 页;张文显主编:《法理学(第五版)》,高等教育出版社 2018 年版,第 83 页。

② 详细内容,参见"法的要素"一章的具体分析。

为"是人的行为,而不是其他物的行为;①"社会关系"即人与人之间的关系,而不是人与物的关系。

第四,法的作用机制。法律不是直接对人的行为和社会关系产生作用,它有其自身的调整机制,法通过权利和义务的双向互动来规范人的行为和社会关系,从而实现规范秩序和调整利益的功能。

第五,法的保障性因素。现代法律均由国家创制和保障实施,为保障法律的实施,国家机关借助于强制力,即法是"由国家强制力保障实施"的规范。关于强制力因素是否为定义法律所必需,不同理论有不同的解释。

需要说明的是,以上给法下定义时要交代的一些事项,可以称为"法概念的组成结构"。② 同时,基于不同的认知因素,要准确认识法的概念,除了上述线索与因素之外,还需要思考以下一些问题,这些问题在后续章节中会得到展开论述。

第一,不同国家和地区,法律的存在形式并不完全相同,法概念的表达内容也将有所差异。在继承古罗马法律传统的欧洲大陆,很多国家把立法机关制定的规则(即制定法)视为法律,而在英美等一些国家,司法机关(特别是最高法院)发布的裁判和决定(即判例)是法律的典型形式。

第二,很多人认为国家强制力是定义法律的一个必备要素,只有由国家强制力保障实现的规范才是法律。对此,我们要思考如何认识"软法"、国际法是不是法律的问题。

第三,如何处理法概念中的评价性要素安置问题。也就是说,给法下一个定义,是不是需要考虑诸如"公平""正义""平等"等评价性或规范性要素,比如"法律是一种具备良好品质的规则"。在本体论部分,我们从形式规则的构成方面定义法,这是一个权宜方案,主要基于内部视角(即规范性视

---

① 在法律发展史上,作为法律上主体的"人"的内涵经历了一个变化过程,除了自然人以外,法人等拟制人也跻身法律上的"人"的行列。近年来,人工智能能否成为法律上的"人"也引发了持续讨论。

② 它与本书后面章节阐述的"法的要素"不同,后者分析的是法律这种事物的构成要素是什么。

角,法律是具有权威性的规则)来论证法的约束力和法为什么有效。对于评价性因素是否为定义法律所必需,不同理论有不同的解释。法律实证主义理论主张一种"分离命题",法律的好坏问题与法律的是非问题不是一个层面的问题,道德不是定义法律所必须考虑的因素。① 有时候这一命题被简单化地描述为"恶法亦法"。与此对应,历史更久远的自然法理论则认为"恶法非法",定义法律和创制法律需要考虑道德等规范性或评价性因素。

第四,强调立法机关、国家强制力等国家成分,没有回答权利和民主等因素在定义法律中的作用。从观念和行动上,权利已经被人们广泛接受,但是法与权利的关系,是定义法不可绕过的问题。

(二)法、法律、法律规范等用语范围

在各种交流语境中,人们说到法律的时候,至少有法、法律、法律规范(legal norm)、法律规则(legal rules)等表述形式。在行为标准、行为尺度这个含义上,在判断某种行为是合法的还是违法的这个语境中,上述词语表述的是一个意思,即法律是指引与调整人们行为的标准,是允许做什么、禁止做什么和必须做什么的指示。norm 源于拉丁语的 *norma*,其最初含义就是"角尺"或"垂直线",是用来保证制造的工件符合尺寸要求的手工器械,罗马法学家将其引申为规制人之行为的标准。《孟子·离娄上》中的"不以规矩,不能成方圆"也是同一个意思,"规矩"被引申为用来保证做事符合要求的标准尺度或章法。

与"角尺"和"规矩"的器具含义不同,我们在将其用于法律规范的含义

---

① 在哈特、拉兹等法律实证主义阵营的代表性人物看来,分离命题不是关于法的概念如何定义的主张,其准确含义在于:在判断一条规范是否具有法效力或法律命题是否为真(或正确)时不必然涉及道德评价。阿列克西则主张一种"联结命题",即"法概念的定义除了事实性的要素外,还必须包括道德要素"。在他看来,法概念有三个要素,即"权威的制定性""社会的实效性""内容的正确性"。"权威的制定性"关注的是法是否为有关机关所制定;"社会的实效性"关注的是规范是否被遵守以及违反时是否有制裁;"内容的正确性"强调的是规范是否在道德上被正当化,也就是规范的实质内容是否合乎正义。参见〔德〕罗伯特·阿列克西:《法概念与法效力》,王鹏翔译,商务印书馆 2020 年版,第 7—10 页。

时,实际上使用的已经不是数学或物理学意义上的计量功能,而是用于测算人与人之间行为和社会关系合适与否的量尺。相应地,我们把调整人际关系的规范称为"社会规范",它区别于处理人与自然界关系的技术规范。一方面,作为社会规范的法、法律或法律规范,具有实然或确定(真或假)的属性,如果人的行为满足法律规定的构成条件,就会引发对应的效果评价。另一方面,法律规范还具有规范的属性,为人的行为和社会关系确立了标准,能够指引和约束人的行为。

(三)当代中国实践语境中的法律

具体到当代中国的法律上,我们所使用的"法"或"法律"通常表示两层含义:第一,广义的"法"或"法律"。它指一切由有立法权的国家机关制定的具有普遍约束力的规范性文件,包括宪法、法律、行政法规、地方性法规、法律解释等。第二,狭义的"法律"。它仅指由全国人民代表大会(以下简称"全国人大")及其常务委员会(以下简称"常委会")制定的规范性文件,包括法律和有法律效力的规范性文件。

任何概念和定义都是抽象的,具有不周延的一面。特别是在现代社会中,法律的存在形式、作用方式都与相关事物有着错综复杂的联系,要深入认识和理解法律,就不能仅局限于概念表述层面,还要扩展认知视角,从法的本体结构组成、法的实质内容以及法律实践等角度丰富认识。

# 第二章
Chapter 2

# 法的特征

法律具有规范性、可诉性、国家性、普遍性、利导性、程序性、强制性等形式特征和意志性、规律性、利益性、共识性等本质特征,并以此区别于道德、习惯、政策等其他社会规范。法的特征既是法律区别于其他社会规范的主要标志,也是识别法律、寻找法律的重要线索。准确理解法的特征,一方面能够深化对法的概念的认知,另一方面也可以为寻找法律渊源提供方法。

## 第一节 法的基本特征

法的基本特征又称为"法的形式特征",是法的外在表现形式,也是法区别于其他事物的外在征象和外观标志。与道德、习惯、政策等社会规范不同,法的基本特征可以概括为以下四个方面:

### 一、法是调整人的行为和社会关系的规范

法的这一基本特征包含着法的调整对象和规范性两个具体内容。

(一)法的调整对象是人的行为和社会关系

法的调整对象是行为还是社会关系?这在学界曾经有过不同的认识。

从一般意义上,法律的调整对象是社会关系,即人际关系,也就是人与人之间的关系,调整各种(最广泛意义上的)利益资源在不同社会主体(各种类型的人或人与人的组合)之间的分配和流转。但是,法律对社会关系的调整并不是直接实现的,它需要一个中介,这个中介就是人的行为。法律与其他社会调整方式之间最大的不同就在于法律是通过调整人的行为来影响社会关系的,这使其区别于宗教、习惯和政策等其他社会规范。人们通过作为或不作为的方式把自身的利益需求表现于外部,指向和影响特定的人,从而改变人与人之间的利益关系,形成一个个特定的社会关系,如财产关系、人身关系等。马克思说过一段非常经典的话:"对于法律来说,除了我的行为以外,我是根本不存在的,我根本不是法律的对象。"①概而言之,法律是以人的行为以及通过人的行为才得以形成的社会关系为调整对象的社会规范。

(二)法的规范性

法律是一种调整人的行为和社会关系的社会规范,它具有规范性的特征。法的规范性特征表现为如下三个方面:

第一,法律为人们决定自己的行为(为或不为,为此或为彼)、处理与他人之间的关系提供了依据、准则。在此意义上,法的规范性体现为它具有"绳墨"的功能,提供了规与矩。

第二,法律不针对具体而特定的人和事,它是一般性的、概括性的规则,可以被反复适用,具有"相同情形相同对待,类似情形类似处理"的特征。这使之区别于限于一人一事一物的诸如判决书、裁定书、逮捕证、结婚证等非规范性法律文件。

第三,法律的构成要素以法律规则为主,不仅在量的方面法律规则占据主导地位,而且法律概念和法律原则等其他要素也是为法律规则服务的。法律规则对类型化的行为赋予明确的法律评价,其逻辑结构中包括条件假设、行为模式和法律后果,这被认为是法的规范性特征中最明显的标志,其

---

① 《马克思恩格斯全集》第1卷,人民出版社1995年版,第121页。

他社会规范都没有这样严密的逻辑结构。①

（三）法的可诉性

法的"可诉性"（justiciability）是指法律作为判断人的行为与社会关系合法性标准所具有的可支持权利人主张、可支持当事人争讼的性质。前述指出，法律是调整人的行为和社会关系的规范，为人的行为和社会关系的处理提供了依据和标准。依据此标准，当事人可以向裁判机关提出自己的权利主张（即利益主张），裁判机关应根据相关法律规范判断当事人之间权利义务或权力责任的变动状况并作出裁判。法的可诉性包括两个方面的内容：

第一，可争讼性，即法律可以作为当事人提起诉讼的依据。道德、习惯等其他社会规范不能够支持当事人提起法律诉讼。

第二，可裁判性，法律可以作为有权裁判者裁判案件的依据。②法的可诉性是行为规范和裁判规范的共同属性。

## 二、由国家专门机关制定、认可和解释

法的这一特征包括法的创制方式、法的国家性、法的普遍性三个方面的内容。

（一）制定、认可、解释是法律创制的三种主要方式

制定是拥有立法权的国家机关通过立法活动创制新的规范。认可是国家对既存的行为规则予以承认，赋予法律效力。认可通常分为三种情形：第一，赋予社会上早已存在的某些一般社会规则，如习惯、道德、宗教、习俗、礼仪等，使之具有法律效力。第二，通过加入国际组织、承认或签订国际条约等方式，认可国际法规范。第三，特定国家机关对具体案件的裁判加以概括从而形成具有普遍性的规则或原则，并赋予其法律效力。这种情形多见于英美法系国家，我国的案例指导制度则侧重于法律适用方法和技术的示范与指导，重心不在于法的创制和"发现"。解释是指有权的国家专门机关依

---

① 参见张文显主编：《法理学（第三版）》，法律出版社2007年版，第107页。
② 参见雷磊：《法理学》，中国政法大学出版社2019年版，第24页。

照法定的职权和程序,根据一定的标准和原则对既有法律所进行的含义阐释,这种阐释依法具有法律的效力。在英美法系国家,法官拥有释法和造法的权限。在我国,法律解释分为立法解释、司法解释和行政解释;法律解释与立法之间的关系要复杂一些,依据《宪法》和《立法法》的规定,最高人民法院和最高人民检察院拥有解释法律的权力,但司法解释不属于立法。

(二)法的国家性

法律是以国家的名义制定的,具有国家性,体现了国家对法律制定和实施全过程的全面垄断。第一,从形成方式上看,法律由国家机关垄断性地制定,所代表的是"一种表面上凌驾于社会之上的力量"①,法律不能以某个人或集团的名义来制定;第二,从适用范围上看,法律以一国国家主权为界域,这是法律区别于以血缘关系为范围的原始习惯的主要特征之一;第三,从实施方式上看,法律以国家强制力为保障。法律是国家意志的表达,国家强制力是确保国家意志得以贯彻的一种必要性的保障力量。

(三)法的普遍性

法律由国家制定和认可,派生出法律的普遍性特征。一般来说,法律在一国的全部地域范围内对一切人和事都发生效力。但是,法律的这种普遍性具有适用程度上的差别,在不同的时间、空间和对象方面,法律的效力可能是不一样的,比如享有外交特权和豁免权的人享有特殊的权利和义务,某些法律在特定的区域发生效力等。对如何理解普遍性这个问题,学界存在一些争议。本书认为,可以从两个方面来解释:第一,从内容上看,法律的这种普遍性上的差异性,其合法性来自更高的法律授权,而这种授权须以非差别性对待和合宪性原则为前提。第二,从效力上看,地方性规范、特别行政区法律等规范性法律文件,对一国范围内的任何主体都是有效的,只是守法的方式(作为与不作为)存在差别。

---

① 《马克思恩格斯选集》第4卷,人民出版社2012年版,第187页。

### 三、法以权利义务双向规定为调整机制

法的这一特征包括法的内容、法的利导性特征两个方面的内容。

#### （一）法律以权利和义务为内容

权利意味着人们可以为或不为一定行为以及可以要求他人为或不为一定行为的能力或资格。法律通过规定权利，使人们获得某些利益或者自由。义务意味着人们必须为或不为一定行为。义务包括作为义务和不作为义务两种，前者要求人们必须作出一定行为，后者要求人们不得作出一定行为。正是由于法是通过规定权利和义务的方式来调整人的行为，因此人们在法律上的地位就集中体现为一系列权利和义务的有无与多少。

法律以权利义务为内容。第一，法律对人的行为的调整主要是通过权利义务的设定和运行来实现的。不授予权利和设定义务，法律就无法作用于人的行为并进而影响社会关系。第二，法律的构成要素以法律规则为主，而法律规则中的行为模式分为授权（可为）、命令（必为）和禁止（禁为）等方式，这些行为模式是通过法律为人设定具体的权利和义务的方式实现的。如果违反了某种权利义务，所引发的法律责任则是对此种受损的权利义务的矫正。

#### （二）法的利导性

法律通过影响人的行为进而影响社会关系，这种调整机制实际上是通过法律对利益关系的调整来实现的。那么，法律如何调整利益关系呢？就是通过为人们授予权利和设定义务的方式来实现的。也就是说，法律通过规定权利义务来分配利益，进而通过各种利益流转影响人们的行为，最终影响社会关系，实现法律的规范作用和社会作用。

法律的利导性可以作如下理解：第一，在法律所规定的权利和义务中，权利是主动的，表征的是正面的利益，义务则往往是被动的，表征的是负担。第二，在法律所规定的权利和义务中，权利和义务都是双向规定的。一般而言，权利和义务既互为支援又互为界限；就法律而言，没有无权利的义务，也没有无义务的权利。第三，权利和义务的作用机制是双向互动的。法律通

过授予权利正面地给予或承认利益,通过设定义务反向地强制人们为或不为特定的行为,从而正反相济地调整人们的行为和社会关系。

利导性是法律的一个鲜明特征,在众多影响人的行为和社会关系的社会规范中,只有法律是以授予权利和设定义务,即通过权利义务的双向规定作为自身的调整机制的。

## 四、法通过法定程序,由国家强制力保证实施

法的这一特征,体现了法律运行的过程机制和法律效果实现的保障机制。

### (一)法的程序性

法的程序性表现为法律的制定和实施需要在事前确定的固定方式和步骤下完成,法律在时间和空间方面表现出标准化、格式化的属性和特征。法律有形式化的要求,为具体行为和社会关系的处理提供了准则,而法律程序为行为准则的实现提供了活动框架。法律程序在时间、空间、方式和步骤方面作出了明确的要求,以便相关主体能够明确、清晰、准确和富有效率地展开活动。通过程式化、形式化的法律程序,能够克服和防止相关主体行为的随意性、随机性和冗余性,能够引导人们的行为按照既定的要求和标准进行。同时,法律程序能够缓解相关主体心理情绪,消除紧张气氛,提供理性、舒缓的氛围。通过对行为内容、顺序、方式等分步设置,法律程序为相关主体的行为提供了标准化机制,提高了法的针对性和有效性。法律程序是约束当事人权力与权利行使的重要机制,是促进当事人进行理性选择的有效措施,也是法律适用结论妥当性的重要保障。

### (二)法的强制性

法的强制性是指法的贯彻实施需要国家强制力的保障。国家强制力是指由国家垄断性使用的军队、警察、法庭、监狱等有组织的国家暴力。从外在方面看,法律这种社会规范区别于道德、习惯等其他规范的一点还在于,国家能够启动国家强制力来保证法律得到贯彻实施。德国法学家耶林甚至

曾经指出,法律是"所有得到国家强制程序保障的规范的总和"①。

法律之所以具有统一性、普遍性和权威性,从实施保障的因素方面看,正是因为有国家强制力作为后盾。否则,违反法律的行为就得不到惩处,法律预期实现的利益、所体现的国家意志就不能够得到实现。而法律之所以具有权威性,一是因为它是通过国家强制力来建立和维护的,这在任何社会发展历史形态中都有体现,尽管这种强制力有走向压制的可能。二是因为法律建立权威的方式就是体现它自身的优良品格,如公正、民主、自由等。

法的强制性这一基本特征,有三点需要说明:第一,国家强制力具有潜在性和间接性。"通过国家强制力保证实施"是从终极意义上讲的,即从国家强制力是法的最后一道防线的意义上讲的。但是,这不意味着法在其运行的每一个环节都依赖国家暴力,只有人们违反法律且用尽其他矫正方法或其他方法不足以矫正的时候,才会动用国家强制力。第二,国家强制力不等于纯粹的国家暴力,而且这种强制力是以法定的时间和空间上的步骤和方式实施的。第三,国家强制力不是保证法实施的唯一力量,法律的实施还需要道德、政治、文化等方面的因素。

综上,法具有规范性、可诉性、国家性、普遍性、利导性、程序性、强制性等形式特征或外在特征,它们从外观上构成法区别于其他社会规范的标志,也可以将其称为"法的基本特征"。

## 第二节 法 的 本 质

### 一、基本线索

要全面认知法,就要将其置于特定的社会关系中加以考察,将法作为社会的组成部分,作为一种与其他社会现象交互作用的事物,而不能将其视为孤立的、与社会脱节的自为事物和现象。

---

① 参见〔德〕伯恩·魏德士:《法理学》,丁小春、吴越译,法律出版社2013年版,第32页。

在前文中,我们明确了通过如下要素来定义法律:

(1)从创制主体上看,法是由国家专门机关创制的,由国家垄断制定。法的国家性是法作为正式规范的一个重要表现。

(2)从法的调整内容和作用机理上看,法是以权利和义务的双向作用为调整机制。权利和义务是法律对适用法律调整的各种利益的规范表达,即法律通过调整当事人的权利义务来调整相关的利益。权利义务是承载利益的形式,利益是权利义务的内容;权利义务是法律的内容,法律是权利义务的外在表达形式。利益→权利义务→法律,逐级而进,前者依次构成后者的内容,后者则是对前者的"翻译"和规范转换。

(3)从作用对象上看,法是调整人的行为以及社会关系的规范。法律的作用范围射程只涉及人的行为和相关的社会关系领域,尚未转化或量化为具体行为的观念和想法不是法律调整的对象。

(4)从实施保障上看,法通过国家强制力保障实施,当然,国家强制力是一种必要而非充分的条件。同样,法的强制性也是法作为正式规范的一个重要表现。

(5)法是通过调整利益从而实现特定目的的工具。在法学史上曾经有段时间,人们对把法律直白地定性为手段或工具是存有顾忌的。毋庸讳言,法律就是调整利益的手段,法律设定权利义务,目的也是为了把各种纷繁复杂的利益"翻译"或转化为可反复适用的"数学因数"或"一般等价物"——权利义务。法律确认权利,实践中倡导尊重权利,目的就是保护和实现人们的利益以及尊重人们自我处理利益的意志。对立法者来说,设定权利义务,制定法律规范,目的就是引导和保障期待的利益和秩序的实现。

提炼总结一下,这些形式化要素从不同方面揭示了法与相关要素的内在联系,由此也体现出法律所承载的内在的、实质性的特质:

第一,揭示了法与主权国家及其领导集团(统治阶级)的内在关系。法是一种集体决议的产品,这个集体的主宰者表现为国家。法的创制与实施是由国家行为主导的,具体由立法机关、执法机关和司法机关等承担。从立法到法律实施,法律无时无处不显示着主权国家及其领导集团(统治阶级)

的身影。

第二,揭示了法的主要目的、作用和价值。法是主权国家通过其组织机构和程序,由其领导集团(统治阶级)有意识地创造出来的规范体系,具有明确的目的指向性,即确认、保护和发展主权国家及其领导集团(统治阶级)所认可和期望的利益关系、秩序格局和发展目标。这种认可和期待的利益、秩序和目标,由主权国家及其领导集团(统治阶级)主导和决定,同时也要充分考虑到各种影响因素,不可能完全由某一方面的力量单独决定。

理解法的本质,要从上述关联的内在要素入手,分析多重元素之间的关系,从而相对深入地推进对于法的认识。结合前述内容,我们把法的本质属性分解为如下方面:主观方面的意志性、客观方面的规律性、利益表现的专属性、价值导向的共识性等。

## 二、法的本质属性

### (一) 法的意志性

法的意志性要表达的内容是:法是立法者主观意志的产品,是一国具有立法权(包括立法参与权)的各种主体集体意志的产品。进一步来说,法是主权国家意志的集中体现,是一国领导集团(统治阶级)意志汇集并通过既定程序转化为国家意志的成果。立法的过程,反映了公民的个体意志汇集为某种类型的集体或代表的意志,逐层推进,最终上升为国家意志的过程。法律实施则是一个意志博弈与充分或不充分实现的过程。

法律由作为意志主体的人制定,体现了作为需求主体的人的某种意志。意志体现了人自觉地确定目的,并依此支配其行动以实现预定目的。就人的需要来说,法律的意志性表现为其能够满足人的某种理想目标和现实需要。法律如果不能契合于人们关于安全、秩序、正义、自由、人权等意志的需要,它就不会被人们采用。法律之所以被创制并为人所用,从根本上说是人的意志加于其上的结果。不同之处在于,它是何种类型之意志的产物,是个人意志(君主制)还是集体意志(民主制),或是理性意志还是非理性意志的产物。在现代社会,法的意志性体现为它是理性意志、集体意志和公共意志的产物。

(二) 法的规律性

法的规律性要表达的内容是:法作为调整人的行为和社会关系的规范,其基本内容、表现形式和作用方式等要遵循一定的规律,法不完全决定于人的主观意志。法的规律性是对相对客观化、共识性的利益的确认和尊重,是对人的行为方式以及影响人的行为的各种理性或非理性因素的共性的把握,是对人身、财产等各种社会关系的共性把握,是对法律作用方式和机理之稳定性的尊重与适用。无论是权利义务的设定、权力责任的配置还是立法条文的多少和粗细,都具有可识别、可借鉴的共性规律。

简单地说,法的内容是对利益的确认。在利益处置上,无论是马克思主义对物质生活条件的强调,还是其他的诸如专业经济学或朴素的常识对利益的调整,都强调要遵循有关利益计算的"基本公式"和基本共识。这种共识体现在哪些利益可以且有必要转化为法律上的权利义务,表现为权利义务在法律规范上如何呈现并可动态运行,也体现在法对权利义务、利益的调整符合法律运行的规律。法具有规律性,法是在尊重和遵循客观规律的基础上制定和运行的,脱离了对基本规律的尊重,将会葬送法律本身。

(三) 法的利益性

法的利益性要表达的内容是:法律调整指向的内容或者说法律施加影响的对象,从根本上说是人的利益;利益是本质,法律是形式。法律条款的设定,权利义务的设定,权力责任的配置,法庭、监狱等有组织的国家机器的设置和运行,从根本上说都是建立在利益考量基础之上的。

法律成为调整人与人之间关系的重要手段,并成为人类文明的重要载体,是人类经过长时间的自我反思的产物,是人类直面自身局限和弱点的选择,也是人类在处理集体生活和追求良序生活过程中取得的一项卓越成绩。法律的产生,建立在人类正确地认识自然界和人类自身局限的基础之上,如资源稀缺、偏好差异、信息失衡、趋利避害等。只有直面这些弱点和局限,法律才能更好地预期人的行为和社会关系。通过利益调整,法律能够指引、预测和评价人的行为和社会关系走向,同时把这种基于利益的调整变成公众集体意识，通过法律来表达利益诉求，平衡利益格局，矫正利益失衡，在个人、集体、社会与国家之间形成良序的利益调整机制。在此意义上，可以说立法是对利益的初次分配，法的实施则是对利益的再次分配。也是在这个意义上，我们认可法是调整利益和维护秩序的手段和工具，具有工具性的性质。

（四）法的共识性

法的共识性要表达的内容是：基于法的客观化的存在形态和作用机理，法律能够超越时间、空间和族群的限制，在法的表现形式特别是规范内容、价值取向等方面呈现出一定的共性特质。

一方面，法律对利益的体现受到特定的时空场景限制，这种场景受历史传统、文化观念、社会结构等因素的影响，由此决定了法所体现的利益以及法的价值取向具有鲜明的个性化、时代性特征。另一方面，伴随着法律的不断发展，诸如法律面前人人平等、权利优先、权力制约、程序本位、有限责任、契约自由、法不溯及既往等逐渐成为各国立法和法律实践共同认可并给予践行的内容和价值。这些共识的产生以及扩大，既建立在法的本体要素基础之上，也建立在人类对自身关系处理模式之共识凝聚基础之上。

# 第三章 Chapter 3

# 法的作用

法的作用是法律通过对人的行为和社会关系的引导、评价等调整,最终对利益产生的影响或作用。法的作用是法律从静态文本到发挥实效的过程机制和实现形式。因作用对象不同,法律所产生的作用也不同:法律对人的行为的调整是基于法律对外显的、可视化的行为产生的积极或消极的影响,这种作用叫作"法的规范作用"。法律对社会关系的调整,也就是对进入法律调整视野的各种利益关系施加的影响,反映了立法者对预期的利益格局的引导和控制,体现了国家管理和社会治理的方式和内容,这种作用叫作"法的社会作用"。

法具有规范作用和社会作用,并不代表法律在其规范框架内一定能足额、全能地实现这些作用。法律有其自身局限性,法律的稳定性、规范性等性质会衍生出一些局限和不足。推崇法律和法治,不等于将其推至极致,盲目推崇法律万能主义是无益甚至有害的。

## 第一节 概念、特征与分类

### 一、法的作用概念

法的作用,又称"法律的作用",是指法律对人的行为和社会关系所产生的作用。

理解法的作用,需要关注三个因素:法的作用对象,即人的行为和社会关系;法的作用目的,即实现对立法者预期利益的调整;法的作用机制,即通过设定权利义务实现对(人的行为和社会关系指向或体现的)各种利益的调整。

## 二、作用机理

前文已经指出,法律是调整人的行为的社会规范,是社会关系的调整器,法律是通过影响人的行为进而对社会关系发挥作用的。法的作用是法对人的行为和社会关系所产生的积极或消极的影响。① 这种影响是通过对人的行为的指引、评价、褒奖、强制、制裁实现的。就此,法的作用机制在于,法律通过明确自身的作用对象,以调整权利义务的方式实现对具体利益的调整,可以分解表述如下:

第一,法的作用对象或调整对象是(纳入法律调整范围内的)人的行为和社会关系。这里要明确的是,并不是所有的人的行为和社会关系都属于法律的调整对象,只有那些被立法者认可的人的行为和社会关系才是法律的作用对象。认识到这一点,是理解法的作用限度和法具有局限性的基本前提,可以避免陷入法律万能主义的误区。

第二,无论是人的行为还是社会关系,法律对其产生作用,都是一个从规范性向个别性、从抽象性向具体化、从普遍性向个案式的过程。法的作用是一个抽象规范投射到具体个案的过程,也可以说是一个具体个案投射到抽象规范并检验其是否符合该规范的过程,这个过程在法律适用过程中称

---

① 德国法学家魏德士指出,法的作用和功能表现为:创建和调整共同生活、形式上阻止混乱发生、保持秩序稳定、赋予和保障权利、裁判纠纷、满足国家和社会生活的需要、融合功能、创造与教育功能。参见〔德〕伯恩·魏德士:《法理学》,丁晓春、吴越译,法律出版社2013年版,第38—44页。

为"涵摄"。①

第三,法的作用机制是通过类型化或格式化的方式来实现的。这个机制的实现过程表现为"法律→权利与义务或权力与责任→利益"。立法通过概括性、类型化、规范性的方式实现它对利益的"类型化提取",形成权利、义务或权力、责任清单,通过法律语言表述权利义务或权力责任,形成法律规范。② 法律产生作用的过程与立法的过程是一个互逆、相反的过程:立法的过程是把立法者认可的利益转化为权利义务或权力责任,然后将各该种权利义务或权力责任物化或形式化为法律;法律实施,也就是法律产生作用的过程,则是法律通过引导、强制等方式把开示出的权利义务或权力责任转化为人们自觉或不自觉地行使权利、权力或履行义务、责任的方式,最终实现利益状态的确认或流转。

## 三、本质属性

前文指出,法的作用的目的是实现立法者预期的利益或利益格局。这个目的是法律与法的作用的本质属性的体现。法的作用的本质属性是实现立法者的根本意志。从立法者的主体视角看,这种意志分为显性意志(国家意志)和隐性意志(统治集团的意志)。从意志所体现的利益层级看,这种意志分为基于权力的意志和基于利益的意志。关于后一种分类,结合前文对

---

① "涵摄"(subsumtion)是指把外延较窄的概念归属到外延较宽的概念之下的推理过程,如把"马"归属于"哺乳动物"之下。法律适用中的涵摄是将具体的个案事实(Sachverhalt=S)置于法律规范的要件(Tatbestand=T)之下,以获得一定结论(R)的一种思维过程。涵摄的过程通常由许多复杂的思维步骤组成,它要解决的是法律规定与个案事实之间的对应关系。法律涵摄要求法律规范可以被要件化,也就是通过识别特征要素,能够将待决事实进行归属或排除。具体分析可参见〔德〕卡尔·拉伦茨:《法学方法论(全书·第六版)》,黄家镇译,商务印书馆2020年版,第344—352页。

② 法律不等于法律条文,并不是所有的法律条文都明确地对应某一类型的行为或社会关系,只有载明了权利义务或权力责任的条文(或条文组合)才是能够发挥规范作用的法律,那些背景性、说明性和辅助性的条文也是法律和法律体系的结构性要素,但它们无法独立产生规范作用和社会作用,其作用在于帮助法律规范准确界定边界,使法律得以正确适用。

法的本质特征的阐释,可以从两个方面进行理解:

第一,法的作用是国家权力运行和国家意志实现的具体体现。法律对人的行为以及对社会关系的影响实质上是国家把自己的意志和态度通过国家权力来加以贯彻和实施。在法的作用方面,国家权力的运行和国家意志的实现,是通过制定法律和实施法律来实现的。

第二,法的作用是社会经济状况的集中体现。法的作用不能脱离社会经济结构的需要。从根本上说,法的作用的实现是以法律适应相应的经济基础和利益结构为前提的。无论是立法还是法律实施,都不能违反经济与社会发展的实际和需要,否则法律的作用效果就会大打折扣。

综上所述,法的作用的本质在于,法律对人的行为以及最终对社会关系所产生的影响,是国家权力运行和国家意志实现的具体表现,是社会经济状态的集中表现。

### 四、基本分类

认识法的作用的分类,有助于全面认识法律的作用机理,有助于认识法律与其他社会规范之间的区别,从而认识到法律本身的优势与不足。根据不同的标准,法的作用可以分为不同的类别。

1. 根据法的作用覆盖领域的差别,可以分为一般作用和具体作用

一般作用是对法的各种具体作用所作的抽象概括,主要是指法律对人的行为和社会关系所产生的作用。具体作用是指特定类型或特定时期的法律对特定的人的行为和社会关系产生的独特性作用。

2. 根据法的作用实现的途径,可以分为直接作用和间接作用

直接作用是指法律直接针对具体、特定的调整对象产生的作用效果,如民法对合同关系的调整。间接作用是指法律经由特定的人的行为和社会关系的具体作用而实现的对社会秩序的维护,如民法通过对合同行为的调整所产生的对市场交易秩序的维护作用。

3. 根据法的作用的实现程度,分为实际作用和预期作用

预期作用是指立法者在制定法律时设想的法律应发挥的作用,是一种

理想状态的作用。实际作用是指受制于经济、政治、社会以及人的意志等条件的影响,法律在实际生活中所发挥的作用。影响法的实际作用状态的因素相对复杂,既有法律自身的因素,也有法律之外的因素。

4. 根据法的作用对象的不同,分为规范作用和社会作用

实践中,这是一种使用范围较广的分类。① 法的作用对象分为两类,由此对应存在两种逻辑相关的法的作用方式,一类是法律对人的行为所产生的作用,另一类是法律对社会关系所产生的作用。法律对人的行为所产生的作用称为"法的规范作用",具体包括指引、预测、评价、教育、强制等作用。法律对社会关系所产生的作用称为"法的社会作用",具体包括阶级统治和公共管理等作用。两者的区别在于:

(1) 考察基点不同。法的规范作用是基于法律的规范性特征进行考察的,即针对某种行为,法律提供了一般性、确定性的判断依据。在此意义上,突出的是法律是调整人的行为的规范这一特性。而法的社会作用是基于法律的本质、目的和实效进行考察的,突出的是法律能够实现何种特定的功能。

(2) 作用对象不同。法的规范作用的对象是人的行为。这里需要明确两点:第一,法律调整的行为专指人的行为,而不是其他物种的行为。此处的"人"是指基于法律的规定具有一定的表达自己意志能力的法律主体,包括自然人、拟制人。第二,法律所调整的人的行为,仅仅是人所为行为中的一部分,而不是全部。法律有其作用范围,但不能扩展,也无法扩展到人的全部行为领域。法的社会作用的对象是社会关系。社会关系是指人与人交往过程中所形成的各种形态的关系,包括个人之间的关系、个人与群体之间的关系以及群体与群体之间的关系。同样,法律所调整的社会关系,仅仅是诸种社会关系中的一部分,而不是全部。②

(3) 存在方式不同。规范作用为一切法律所共有,不因时代、国别、地域及其他条件的不同而不同,只要是为人的行为提供了判断标准,就会表现出

---

① 这种分类与从形式和实质角度认识法律与法治,认识立法、法律解释与司法都具有一定的联系。

② 关于哪些关系属于法律调整的对象,具体分析参见"法律关系"一章的阐述。

指引、预测、评价等作用。规范作用反映了法律中的一些共性特征。法的社会作用则因不同的社会历史形态而有所侧重,比如在阶级统治和公共管理的范围、形态方面,不同时期、不同地域可能表现出很大的差别。

(4) 所处层面不同。比较而言,法的规范作用是法的社会作用的逻辑前提,是实现法的社会作用的手段,具有形式性和表象性;而法的社会作用则是法的规范作用实现的结果,相比较而言更具有实质性。同时,法的规范作用体现了法直接性、直观性和具体性的一面,而法的社会作用则体现了法间接性、深层次的一面。

(5) 作用前提不同。法的规范作用的前提是法律颁布和生效,侧重于法律存在这一事实。法律只要存在,就会为人如何行为提供判断标准。法的社会作用的前提是法律实施,侧重的是法律按照立法者所设定的目标运行这一状态。法律如果不能对社会关系发挥预期的作用,法的社会作用就打了折扣。正是在这个意义上说,不能有效运行的法律(有学者称"死法")与没有法律("无法")没有太大的区别。

## 第二节 法的规范作用

法的规范作用的作用对象是人的行为,是外在表现出来的行为,包括作为和不作为。人的内在思维活动不是法律调整的对象,无法被法律调整。法的规范作用是指基于法的规范性特征,法律对人的行为所产生的作用。基于行为的不同着眼点,规范作用所针对的具体对象和实现的利益也不同。由此,本书将法的规范作用分为指引、预测和评价三种作用。有教材认为法的规范作用还有教育、强制、告示等,本书认为这些其实是前三者的体现或实现,或者能够被其包容,在下文论述中我们将作简要分析。

**示例 3-1**

一群村民准备上山砍树,走到村口,发现张贴着关于保护森林资源的法律规范文本。甲想,这是违法的事情,我不去了。乙不听甲的劝告,执意从山上砍了十棵大树。甲说,你这是违法行为,把树交村委会吧。乙不听,结果被行政管理机关按法律规定罚款5000元。其他村民听说这事后,明白如果上山乱伐树木会受到处罚,便都不去了。

这个事例集中体现了指引、评价和预测三种法的规范作用。

## 一、指引作用

法的指引作用是指法律对人的行为起到的指导、引导、引路作用。具体来说,指引作用的作用对象是人的行为形式,其作用机理是法律告诉行为主体应为或不为一定的行为,为A行为还是B行为。

### 示例3-2

《中华人民共和国民法典》(以下简称《民法典》)第一百三十五条 民事法律行为可以采用书面形式、口头形式或者其他形式;法律、行政法规规定或者当事人约定采用特定形式的,应当采用特定形式。

### 示例3-3

《刑法》第六十一条 对于犯罪分子决定刑罚的时候,应当根据犯罪的事实、犯罪的性质、情节和对于社会的危害程度,依照本法的有关规定判处。

法的指引是一种规范性指引,[①]有别于就具体的人或事所作出的个别指引。例如,《民法典》对民事法律行为的行为方式作了规定,《刑法》对法官决定刑罚作了明确的规定,这些规定是类型化、概括式设定的,而不是具体针对张三或李四的行为。相比之下,如果王总经理指示公司法务人员,要求与某公司签订的合同必须采取书面形式,则属于个别指引或指示。

人们通过了解法律中关于行为方式的规定,知道哪些行为是法律许可

---

① "规范性"是法理学中一个基础性范畴,关于"规范性"的具体含义,参见本书"法的概念"一章中关于法的基本特征的论述。

的,哪些行为是法律不允许的,哪些行为是法律不予干涉的。那么,如何理解某种作为或不作为的合法性,从而指引自己的行为？只能看法律对权利、义务乃至责任的规定。法律通过规定人们在法律上的权利和义务以及违反法律所应承担的责任来指引人的行为。

## 二、评价作用

法的评价作用是指法律对人的行为合法与否的评价标准所起到的标准、依据作用。对人的行为或事物则进行评价,需要借助特定的判断标准,这些标准有法律、道德、习惯、政策、纪律甚至个人情绪等。法的评价作用的作用对象是行为的合法性。

### 示例 3-4

《民法典》第七百零五条　租赁期限不得超过二十年。超过二十年的,超过部分无效。租赁期限届满,当事人可以续订租赁合同;但是,约定的租赁期限自续订之日起不得超过二十年。

### 示例 3-5

《刑事诉讼法》第一百三十九条第一款　在搜查的时候,应当有被搜查人或者他的家属,邻居或者其他见证人在场。

根据上述法律的规定,任何人都可以对超过二十年的租赁行为的合法性、对缺少见证人在场的搜查行为的合法性作出判断和评价。需要指出的是,法律作为一种标准和依据,不同于其他社会规范之处在于,法律的作用集中于人外显出来的行为及其行为效果;人的主观心理状态也会影响法律评价,但是这种状态应外显为可视化的行为。法律以规范性的方式成为一种公共标准,根据这个标准,不同的人对相同的行为能够得出相同性质的判断。比如在示例 3-1 村口伐树的事例中,依据已公布的法律,不同的村民都能够得出乙的行为违法这样一个评价。

法的评价作用分为一般评价和专门评价。一般评价是指人们基于对具体行为和法律规范的理解而作出的不具备法律效力的评价,如示例3-1中村民甲对乙砍伐行为的评价。专门评价是有权机关基于事实和法律而作出的具有法律效力的评价,如示例3-1中行政管理机关对乙的罚款。

### 三、预测作用

法的预测作用是指,根据法律的规定,人们可以预判将如何行为以及行为的法律后果,以便作出安排。法的预测作用的对象是人的行为方式,预测的根据同样来自法律。由于法律的规范性、利导性、普遍性和确定性等特征,人们根据法律所设定的权利、义务和责任,能够对人与人之间如何行为以及特定类型的行为发生的可能性有多大等作出预判。比如,我们知道了《民法典》第705条关于租赁期限的规定,就会预测极少出现20年以上租期的房屋租赁;根据《刑事诉讼法》第139条可以知道,公安机关在搜查时,应当有被搜查人或者他的家属、邻居或者其他见证人在场。

无论是法的指引、评价还是预测作用,其共同点在于,它们都是法对人的行为产生的作用,并且都是基于法律上关于权利、义务或权力、责任的设定而实现的。

有些教材认为,法的规范作用还表现为教育作用、强制作用和告示作用。法的教育作用表现为,通过把国家或社会的价值观念和价值标准凝结为固定的行为模式而向人们传达某种特定的价值观念,使之内化为人们的世界观和价值观,从而影响人的具体行为。这无疑表现在法的指引、评价和预测过程中,是法的作用机理的具体体现。法的强制作用在于"法为保障自己得以充分实现,运用国家强制力制裁、惩罚违法行为"[①]。就法的规范作用的作用机理来说,强制与教育一样,是对人们为或不为某种行为的导引,但教育侧重于激发行为人内在的认同、行为驱动力,而强制则侧重于发动外在力量劝诫、规制行为人为或不为某种行为。就此而言,法的强制作用作为法的普遍性、规

---

[①] 舒国滢主编:《法理学导论(第二版)》,北京大学出版社2012年版,第40页。

范性等特征以常态化方式呈现的保障,最终要以某种特定的行为体现出来。法的告示作用则是法代表国家表明关于人们应当如何行为的意见和态度。这种意见和态度以赞成和许可或反对和禁止的形式昭示于众,向整个社会传达人们可能或必须如何行为的信息,起到告示的作用。这也是法的规范作用发生的前提。

## 第三节　法的社会作用

法的规范作用是基于法律的规范性特征进行考察的,强调的是法律是调整人的行为的规范这一特性。法的社会作用是基于法律的目的和本质进行考察的,突出的是法律能够实现何种特定的功能。就此而言,法的社会作用是目的,法的规范作用是社会作用实现的形式和手段。与法律基于权利义务的调整机制而对行为进行调整不同,法的社会作用重在调整体现各种类型的利益走向的社会关系。法律上的社会关系包括人身关系和财产关系,而全部的社会关系都是特定利益关系的反映。

法的社会作用表现为阶级统治作用和社会管理作用。基于法律所体现的利益属性的不同,不同属性的法律,其社会作用产生的动力机制也存在差异。

### 一、阶级统治作用

法律维护阶级统治的作用主要表现在:

第一,法律通过对政治关系的调整,维护统治阶级或阶层在政治上的统治地位。

第二,法律通过对经济关系的调整,维护统治阶层在经济上的统治地位。

第三,法律通过对政治关系、经济关系和其他社会关系的调整,维护统治集团在思想上的统治地位。

### 二、社会管理作用

法律除了维护阶级统治这一主要作用外,还具有为执行各种社会公共事

务提供依据,实现社会管理的作用。有关社会公共事务的法律大体上包括如下几个方面:

第一,维护人类社会基本生活条件的法律。包括有关自然资源、医疗卫生、环境保护、交通安全、社会治安等方面的法律。

第二,维护生产和交换秩序的法律。包括确定生产管理的一般规则,各种交易行为的基本规范,规定基本劳动条件等方面的法律。

第三,有关生产力和科学技术组织的法律。

第四,有关技术规范的法律。包括使用设备执行工艺过程的法律,有关产品、劳动服务质量要求的法律等,目的是保障生产安全,防止事故,保护消费者权益等。

第五,有关推进教育、科学、文化、体育等方面发展的法律。

## 第四节 法的局限性

现代社会,在调整人的行为和社会关系的诸多规范中,法律是最重要、最具影响力的一种规范。[①]法律以其特有的规范作用和社会作用方式对当代世界的经济、政治、文化和社会发展发挥着不可替代的作用。我们必须充分重视和强化法律的作用,坚决克服轻视法律的倾向。但是,在准确认识法律之积极作用的同时,也应该理性地认识法的局限性。"徒法不足以自行",法不是万能的,法有其特殊的存在形态、作用机理和运行方式,法不能取代其他社

---

① 社会规范是人类为了满足自身交往需要而建立或自然形成的行为准则,它是社会关系和价值观念的具体化。社会规范分为成文规范和不成文规范,前者包括规章、政策等,后者包括风俗习惯、伦理道德等。在社会规范发展过程中,宗教教义和法律规范是两种最为重要的社会规范,它们既有成文的形式,也有不成文的形式。关于社会规范的本质以及人们为什么要遵循社会规范,社会学中的功能学派和冲突学派有不同的认识。功能学派认为,社会规范反映了一种共同的观念,即一个在社会化过程中发展起来的共同价值体系。社会化过程就是每个人学习他所在群体的文化的过程。社会规范往往能适应社会系统的某种"需要",对社会系统发挥凝聚的功能。冲突学派认为,社会规范是处理循环往复出现的社会问题的一种机制,反映了一部分人管理其他各部分人的权力。一部分人通过垄断强制力来维护社会规范。由此,社会规范被认为是阶级统治的手段。

会规范成为唯一的行为规范。强调法的局限性,从发挥积极作用方面看,有助于法律依其自身的特点和机理运行;从预防消极后果的角度看,有助于我们准确定位法律,理性而妥当地看待和使用法律。当然,我们也要看到,法的局限性不是法律的缺陷,缺陷是可以通过内在性的完善加以改正的,而局限性的克服则需要更多的体系性和结构性因素的支撑性弥补,如通过道德、习惯来弥补法律所无法触及的行为和关系等。

**一、法的局限性的主要表现**

第一,作用范围的有限性。法的作用范围不是无限的,法律也并非在任何问题上都能适用的。在不少社会关系、社会生活领域的很多问题上,采用法律手段是不适宜的。例如,涉及人们思想、认识、信仰或一般私人生活方面的问题,就不宜采用法律手段。法只是许多社会关系调整方法中的一种。法是用以调整社会关系的重要方法,但它不是唯一的方法。除法之外,还有政策、纪律、规章、道德、民约、公约及其他社会规范。①

第二,调整内容的滞后性和机械性。法对千姿百态、不断变化的社会生活的涵盖性和适应性不可避免地存在一定的限度。法律规范的内容是抽象的、概括的,有时无法全面覆盖所要调整的对象,尤其是要面对日新月异的社会变迁,不可避免地会出现规范的滞后甚至真空。同时,基于法的确定性要求,法不能频繁变动,更不能朝令夕改,要保持一定的稳定性,否则就会失去其权威性。但是,它要处理的现实社会生活却是具体的、形形色色的、易变的,这就使得法律规范有时表现出局部的滞后、刻板与僵化。

第三,调整效果的不充分性。在实施法所需人员条件、精神条件和物质条件不具备或不完全具备的情况下,法不可能充分发挥作用。作为国家制定或认可的社会规范体系,法律的运行必须由人来操作。即使有最良好的法,如果缺乏具有良好法律素质和职业道德的法律专业人员,法律也难以发挥预期的作用。法律在实现从"书本法"向"行动法"的转化过程中,受制于多重复

---

① 参见郑成良主编:《现代法理学》,吉林大学出版社1999年版,第162页。

杂因素的影响,这些因素的客观存在必然影响法律效果的充分实现。

## 二、法的局限性与法治的代价

第一,把法律作为治国的主要方式,因而政治目标实现的手段如政策、行政手段的使用范围和程度都会受到限制。从主要依靠政策和命令办事向主要依法律办事的转变,是一项复杂而艰巨的工作,其转变的艰难过程本身就是一种代价。

第二,法治意味着权力受到法律的制约,因而权力在量和质上都有所缩减和割舍,权力的灵活性和自由度也会降低。

第三,既然一切服从既定的普遍规则,那么诸如两种需要权衡的利益目标冲突就不可避免,这需要权力行使者作出抉择,现实往往是为了更大利益而放弃较小的利益。因而,法治也可能牺牲掉某些个案中的实体正义。

第四,实行法治会造成某些具有社会危害性的行为不受法律的调整,或者受调整的时候因形式合理性的要求而被忽略。这就要求国家和政府对社会生活的许多方面保持宽容态度,不能任意运用权力来干预,但这不等于说这些行为不存在社会危害性。

第五,法治在总体上能够提高社会控制的效率,但是不排除它在具体情形下会导致办事效率的下降。[①]

---

[①] 参见张文显主编:《法理学(第三版)》,法律出版社 2007 年版,第 302 页。

# 第四章 Chapter 4

# 法律渊源

学习完法的概念、特征及作用,我们已经大体了解法是调整人的行为和社会关系的规范,通过权利调整实现利益调整。区别于其他社会规范,法呈现出规范性、普遍性、程序性、可诉性等特征与性质。基于此,人们可以到由各种社会规范组成的规范群落中去寻找、提取和使用法律,以其作为法律适用的依据。在法律职业共同体内部,法官、检察官和律师等对援引某一类规范往往持有无需解释的共识,大家会不约而同地到同一法典或判例(而不是宗教教义或道德规范)中去寻找规则作为依据。到哪里去寻找有法律约束力的法律规范,就是法律渊源问题的核心与实质。识别法律渊源,仍属于从外观方面认识法律(从外在方面去识别和把握法律),识别有规范效力的法律存在于哪里,以何种方式呈现。基于不同的历史传统和思维习惯,不同国家和地区的法律的呈现方式存在着很大的区别,有的法律渊源表现为成文法,有的表现为判例法,有时习惯也能够在一定条件下成为有效规范。

## 第一节 法律渊源释义

### 一、概念与特征

在汉语中,"渊源"是指水的源发之处,可引申为事物的根源或萌发之始。

"法律渊源"(sources of law),又被称为"法源"或"法的渊源",是指具有法的效力,能够被裁判者作为标准用来对特定事实进行裁判的法律规范的来源。用法律渊源来表述特定的法学范畴,其基本意思在于说明法的存在所在,如古罗马法学家认为罗马法存在于制定法、民众会议决议、元老院决议、皇帝敕令、执法官告示和法学家的解释中。在一般意义上,法律渊源或法源有四种含义和使用语境:①

第一,法源被用来表示赋予法律"正当性"(legitimacy)、有效性的"形式渊源"(formal source)。在法律史上,形式渊源曾表现为神或上帝等超验意志。在民族国家产生之后,人民主权或集体意志是法律正当性的来源。在此意义上,法源是承载或表现正当性的形式渊源。

第二,法源被用来表示影响法律发展的"历史渊源"(historical source)。历史上,宗教教义、商业惯例、社会习俗、道德观念以及罗马法、宗教法等早期形态的法,都对作为现代法源的法律规范产生过影响。在此意义上,法源是一种历史渊源。

第三,法源可以表示人们获得法学知识和法律知识的"书面材料"(literary sources),包括法学著作、法律汇编等。在此意义上,法源是一种理论出处或渊源。

第四,法源表示法律效力的"规范渊源"(legal sources),是体现"合法性"(legality)的有法律效力的法律规范的形式来源。在此意义上,法源的核心含义在于它是效力渊源。在当代法治国家,制定法、判例法是典型的法源,法律的效力来自制定法或判例法。

法源的核心问题是裁判者识别有约束力的法律规范。既然是识别,那就要解决两个问题:一个是到哪里去寻找,这属于法律渊源何在的问题。另一个是如何在众多规范群落里准确识别出法律规范的问题,这属于法的外在形式问题,即具有法律效力的各种法律规范的外在表现形式。从逻辑上看,两者之间侧重点不同,实际是两个问题,考虑到它们都集中于法律规范的确定,

---

① 参见王泽鉴主编:《英美法导论》,北京大学出版社2012年版,第117页。

所以大多数教材将两者置于一起进行讨论。

法律渊源具有明确的可诉性特征和法定性特征。那么,如何理解此种法定性?此种法定性是法律形式的法律确认,还是规范效力的法律确认?采用不同的标准会形成对法律渊源概念的广、狭义解释。刘作翔教授认为,法源是"有效力的法律表现形式",法源首先是法律,这一前提由一国的宪法和立法法规定。①如果说法源的首要认定条件是"具有法律约束力",法源能够发挥规范作用,能够成为行为规范或裁判规范,那么此种理解应为广义解释。而作广义解释还是狭义解释,与一国是否具有制定法传统直接相关。

### 示例 4-1

《民法典》第十条　处理民事纠纷,应当依照法律;法律没有规定的,可以适用习惯,但是不得违背公序良俗。

### 示例 4-2

《最高人民法院关于裁判文书引用法律、法规等规范性法律文件的规定》:

第一条　人民法院的裁判文书应当依法引用相关法律、法规等规范性法律文件作为裁判依据。引用时应当准确完整写明规范性法律文件的名称、条款序号,需要引用具体条文的,应当整条引用。

第三条　刑事裁判文书应当引用法律、法律解释或者司法解释。刑事附带民事诉讼裁判文书引用规范性法律文件,同时适用本规定第四条规定。

第四条　民事裁判文书应当引用法律、法律解释或者司法解释。对于应当适用的行政法规、地方性法规或者自治条例和单行条例,可以直接引用。

第五条　行政裁判文书应当引用法律、法律解释、行政法规或者司法解

---

① 参见刘作翔:《"法源"的误用——关于法律渊源的理性思考》,载《法律科学》2019年第3期。

释。对于应当适用的地方性法规、自治条例和单行条例、国务院或者国务院授权的部门公布的行政法规解释或者行政规章,可以直接引用。

第六条 对于本规定第三条、第四条、第五条规定之外的规范性文件,根据审理案件的需要,经审查认定为合法有效的,可以作为裁判说理的依据。

在我国,司法机关裁判案件的依据来自国家立法机关制定的成文形式的法律,也就是制定法。制定法是我国的法源,法官不能到道德规范等其他社会规范中去寻找和使用裁判根据。但是,在非洲的某些国家,习惯决定了某项婚姻是否有效,那么习惯就是该国的法源组成部分。①

法律渊源的功能在于明确有法律效力的法律规范的出处和外在表现形式。法律渊源问题非常重要,确定法律渊源是法律实施的基本前提,是法律推理的逻辑起点。"依法裁判"的首要工作就是寻找和确定作为裁判依据的法律。法律渊源表现了法律的外观。基于历史传统、思维方式等方面的差异,法律渊源有不同的呈现形式。但是,它们也显示出一些共同的特征与属性,这些特征和属性来自法律所具有的形式特征和本质属性,侧重于强调如下方面:

第一,规范性。作为行为规范、裁判规范,法律渊源是以普遍、抽象和概括性的形式呈现的,具有可反复适用的特点。无论是成文形式还是非成文形式的法律渊源,都是以规范性而不是个别性的调整方式发挥作用的。

第二,法定性。在现代法治国家,法律渊源的形式、内容、地位、效力以及所具有的规范作用,都由根本法以及规范立法行为的法律加以明确。

第三,确定性。法律渊源对人的行为和社会关系的调整,是以确定的形

---

① 在刑法和民法等领域,根据法律规范调整的主体不同,法律规范分为行为规范和裁判规范。行为规范以一般公众为约束对象,用以指引公众的行动;裁判规范以司法人员为约束对象,目的是指导司法人员的裁判活动。行为规范往往也是裁判规范,比如法律禁止故意伤害他人的规定,在规范行为人的同时也为法官裁判提供了依据。但反过来,裁判规范不一定是行为规范,如刑法关于行为主体责任年龄的规定,是法官认定事实和适用法律所要援引的,但它们不是行为规范。

式规定权利义务。对行为人来说,法律提供了清晰的指引,便于行为人明确地把握其行为的法律意义。

## 二、法律渊源的种类

基于历史传统、司法结构、法律思维等方面的差异,不同国家的法律渊源具有不同的类型。

（一）制定法

"制定法"(statute law)是指由有立法权的机关根据法定的职权和程序制定的规范性文件。制定法是现代法治国家最主要的法源,是法律渊源中最重要的组成部分。制定法这一概念所表征的法律渊源有三个特征：

（1）从创制主体上看,制定法是立法机关创制的法律渊源。实践中,制定法的创制主体往往是代议机关或专门享有特定位阶立法权限的机关。制定法的权威来自创制主体的权威。制定法是人民主权和现代民主制度的产品,与制定法相对应,判例法产生于司法机关,而司法权基于权力分立和制衡而产生。

（2）从立法行为上看,制定法是立法机关的一种抽象行为,即制定规范性法律文件的行为,立法不附随具体行为,具有普遍性和规范性的特征。

（3）从体系构成上看,制定法一般居于一国法律体系的核心地位,是一国法律体系的主干法源,其确定性和体系性特征是一国法治的基础特征。当然,其缺点也同样明显:制定法有些时候表现得过于抽象,面对变化频繁的社会生活,有些时候它显得有些僵化和滞后。①

在内涵上,制定法不同于成文法(written law)：制定法强调的是法的产

---

① 英国法学家黑尔指出,成文法和非成文法不是两种不同类型的法律,毋宁说它们是法律的两种存在形态,或者说是法律有效性的两种形式："有些法律的有效性是基于它们是由经授权的立法者明确制定的;还有些法律的有效性是基于它们被融入了普通法。……成文法的有效性是由它是根据已确立的正式的、合乎宪法的规则制定的这一事实所决定的。不管其来源如何,非成文法都从它被融入普通法的习惯和惯例这一当下情形中获得其权威。"参见〔美〕朱尔斯·科尔曼、斯科特·夏皮罗主编：《牛津法理学与法哲学手册》,杜宴林、朱振、韦洪发等译,上海三联书店2017年版,第665页。

生形式,它是基于立法行为而不是基于司法行为产生的;成文法表征的是法律渊源的存在形式是成文的还是非成文的,成文形式的法源有制定法、判例法等,而不成文形式的法源有习惯、法理等。

(二) 判例法

在英美法系的司法传统中,判例法(case law)是最重要的法源。判例法是司法机关在审理案件过程中以个案判例的形式创造的,对后来的类似案件具有约束力的裁判法。判例法的传统及其基本原则是"判例约束力原则"或"遵循先例原则"(the doctrine of stare decisis)。这一原则要求法官审理案件必须考虑上级法院和本级法院以前对类似案件的判决。"如果没有以过去累积的智慧为基础的先例,以及被宣称为公认的先知(即法官或法学家)作为判决基础的先例之引导,人们对于公平无私的裁判仍会产生法的不确定感即对公平的怀疑。"[①]以普通法(common law)和衡平法(equity law)为主要形式的判例法的形成,以及判例法成为英国法的主要法源,与1066年诺曼底公爵威廉一世征服英格兰之后相当长一段时间里处理英格兰本土早期习惯以及习惯法的长期实践有着极为密切的关系。普通法是合理的习惯,"在日常社会生活之实践问题得到处理的公共推理过程中被遵循和确认"[②]。与制定法相比,判例法的规定更灵活,也更容易适应社会的变化,尤其是在法典制定程序复杂、修改缓慢的情况下,判例法可以较好地反映社会的变化,弥补制定法典的滞后性带来的问题,缺点是它较为散乱,缺乏体系性。

在判例法的发展史上,有普通法与衡平法之分。这是英美法系特有的法律分类,源于中世纪的英国。普通法是指从11世纪开始,主要通过法官以判例的形式发展起来的,适用于英格兰全境的一种法律形式。衡平法是

---

[①] 幼狮文化事业公司编辑部:《观念史大辞典》,幼狮文化事业股份有限公司1987年版,第301、302页。

[②] 〔美〕朱尔斯·科尔曼、斯科特·夏皮罗主编:《牛津法理学与法哲学手册》,杜宴林、朱振、韦洪发等译,上海三联书店2017年版,第655页。

指自 14 世纪开始,为补充和修正普通法而逐渐形成的一种法律形式。

英国法律的发展与诺曼征服有着紧密的关联。1066 年,居住在法兰西北部的诺曼公爵威廉侵入英国,并在伦敦加冕称王,史称"诺曼征服"。诺曼征服后,英国社会和法律步入一个新的时期:英国开始了封建化进程,威廉没收了全国的土地,并按照军役期限之长短实行分封制。法律方面,借助王室法院的权威,英国逐渐发展出一套统一的法律,即普通法。诺曼征服前,英格兰的法律形式主要是日耳曼习惯法,习惯法的地域差别导致地区之间交流极为困难;诺曼征服后,为改善地区隔阂,加强王权,威廉设立了一套统一的王室法院体系,在王室法院中设巡回法庭,到各地巡回审判案件,并对地方司法和行政进行监督。巡回法庭的法官主要适用地方法和习惯法审判案件,并对其加以改造,将其上升为普遍的法律原则,从而逐渐发展出一套普遍适用于英格兰全境的法律——普通法。

司法实践中,普通法逐渐暴露出两个弊端:(1)诉讼形式的僵化。普通法有一项重要的制度,即令状制度。一个案件要交由普通法法院审理,必须先由掌玺大臣(Chancellor)代表国王颁发一种特别的令状(writ),即"诉讼开始令状",目的是将案件从地方法院或教会法院的管辖中分离出来,交由王室法院管辖。令状的颁发者一般根据原告诉讼请求的不同对令状进行分类,久而久之令状的类型逐渐固定,而令状又与诉讼形式、诉讼程序相关联。令状制度的目的是剥夺地方法院和教会法院的管辖权,这不可避免地引发了地方领主、教会与国王之间的矛盾。迫于压力,国王后来禁止大法官颁发新的令状。这样造成的后果就是,对于新型的诉讼请求,由于找不到相关类型的令状,普通法院拒绝受理,当事人权利难以获得法律救济。(2)普通法内容本身的落后。普通法是以判例的形式发展起来的,法官只能遵循过去的类似案例进行判决,其内容呈现出鲜明的保守性特征,对新型案件难以作出有效回应。为克服这些不足,衡平法应运而生。

约自 14 世纪开始,人们无法申请令状时,便直接向英王及其咨询机构甚至国会请求解决。最终处理请求的掌玺大臣享有很大的自由裁量权,他既可以不采取普通法法院的诉讼形式,也可以不顾及普通法的规定,有权直接依据公平、正义等原则作出判决。① 这种按特殊程序审理的案件,被称为"衡平案件"。所谓"衡平",即严格遵守法律的一种例外——在特定情况下,严格遵守某一法律反而会导致案件处理结果的不合理、不公正,需要突破法律采取另外一种合理、公正的标准。到 16 世纪,随着衡平案件的不断增多,逐渐发展出与普通法法院并列、同属王室法院的衡平法院(Court of Equity)或大法官法院(Court of Chancery)。在衡平法院审理案件的过程中,逐渐形成一种与普通法并列的衡平法。

(三) 习惯与习惯法

各国法律的发展大多经历了由习惯到习惯法,再到成文法的历史过程。法律在成为今天的形态之前,最主要的来源就是习惯(custom),习惯的规范化和常态化形成习惯法(customary law)。古希腊最早的法律表现为以神谕的形式存在的习惯法。在当代,习惯和习惯法也是一种法源形式。例如,在英国普通法中,被法院接受的习惯是法律的一部分。英国法学家奥斯丁认为,当习惯为法院所适用的时候,"也就自然转变为了实际存在的由人制定的法的一部分……[而]普遍地被公民或臣民所遵守",而习惯的力量"仅仅来自普遍性的对违反习惯的谴责舆论"。② 有些国家和地区将习惯作为法律的补充,规定在法律无规定时法官可以依据习惯进行裁判。例如,我国《民法典》第 10 条规定:"处理民事纠纷,应当依照法律;法律没有规定的,可以

---

① 掌玺大臣在英国具有极大的权威,在普通法刚刚兴起时,他常以纠正地方法院和教会法院的不公为名,用令状的方式将案件交由普通法法院审理。后来,他又以纠正普通法法院的不公为名,直接自行审理案件。对前者,他采取令状的形式,而对后者,采取禁令(injuction)的形式向被告签发禁令,禁止其到普通法法院诉讼。

② 参见〔英〕约翰·奥斯丁:《法理学的范围》,刘星译,中国法制出版社 2002 年版,第 38—39 页。

适用习惯,但是不得违背公序良俗。"①习惯与习惯法的识别以及用于裁判案件,大多体现在私法领域或部分国际法领域,部分地体现了私法自治和保护交易安全等诉求。随着现代法治的发展,由于存在适用范围有限、含义模糊等问题,习惯法的地位明显下降,成为制定法的补充。②在公法领域,基于确定性的要求,公权行为的正当性以法律明文规定为基础,制定法是绝对优先法源,习惯和习惯法一般不作为法源。

在罗马法的历史上,习惯成为法源须具备三个条件:长期稳定的实践,普遍的确信和观念上认可它是具有法律约束力的规范。③习惯法以法律共同体对习惯的长期实践为前提,以法律共同体普遍的法律确信为基础,由有权机关的某种特定方式确认为法律。④习惯法不同于一般的习惯,它是具有法律效力、被普遍遵守的法律规范,而习惯则是积久养成的,通常以人们的惯常行为表现出来的行为方式以及蕴含其间的共识性标准。

(四)法律学说或法理

学说和法理是学者对法律问题的研究与解释,属于学理范畴,不是规范体系的组成部分。在当代,法理一般不会被作为法源。在历史上,如古罗马法时期,著名法学家的法律学说曾经是重要的法律渊源。例如,东罗马帝国的狄奥多西二世和西罗马帝国的瓦伦提尼安三世于426年共同颁布《学说

---

① 刘作翔教授认为,不能把本条规定的习惯理解为我国民法上的法源,"这样一个规定只是明确了在法律缺位的情况下,习惯可以作为弥补法律漏洞的一个行为依据和裁判依据,给了我们另外一个规范选择,但并不意味着这样一个规定就改变了习惯这个规范类型的性质。习惯仍然是习惯,习惯并不能变成法律,也并不意味着这样一个规定就把它变成了法律渊源。"参见刘作翔:《"法源"的误用——关于法律渊源的理性思考》,载《法律科学》2019年第3期。

② 魏德士指出,"在司法国家构建的法律制度中,习惯法只能以法院适用的方式体现出来并为人们所认识。因此,'习惯法'渊源的独立性和必要性命题是值得商榷的。不过,如果交易的当事人一直承认习惯法,则它可能是法院认知习惯法的一个有力依据。"参见〔德〕伯恩·魏德士:《法理学》,丁晓春、吴越译,法律出版社2013年版,第103页。

③ 参见朱庆育:《民法总论(第二版)》,北京大学出版社2016年版,第40页。

④ 参见〔德〕伯恩·魏德士:《法理学》,丁晓春、吴越译,法律出版社2013年版,第103页。

引证法》,规定罗马帝国时代的乌尔比安(Ulpianus)、帕比尼安(Papinianus)、保罗(Paulus)、盖尤斯(Gaius)、莫迪斯蒂努斯(Modestinus)等五位法学家的著作可以作为引证渊源。古罗马法学家塞克斯图斯·彭波尼在《学说汇纂》中把市民法定义为"以不成文形式由法学家创造的法",是"只存在于法学家解释之中的、不成文的"法。[①]古罗马的法学学说并不是学者凭空创造的内容,而是以法的存在为前提,通常以法律解释的形式出现。但在解释过程中也发掘新内容,"在实质上履行着创造法的功能"[②]。在当代司法实践中,法官也会参考具有影响力的学说或法理,但其仅仅起到协助理解法律的作用或法官寻找裁判依据的辅助性工具,不再是法源。

### (五)国际条约和国际协定

国际条约和国际协定是大多数国家都承认的国际法渊源,其中国际条约是最主要的国际法渊源。根据缔约主体不同,国际条约可以分为双边条约和多边条约、区域性条约和国际性条约等。关于国际条约在国内的效力方式,有的国家规定条约自官方缔结时起立即生效,有的国家需要经过法定程序、为国家权力机关认可才可生效,还有的国家规定必须通过国内立法程序将国际条约转化为国内法方有约束力。

## 第二节 当代中国的法律渊源

当代中国的法律渊源主要是制定法。根据制定主体和效力的不同,中国的制定法具体表现为宪法、法律、行政法规、地方性法规、规章、自治条例和单行条例、特别行政区法律等。除了有立法权的国家机关制定的规范性法律文件之外,还有两类规范性文件不属于上述意义上的制定法,但也属于中国的法源,一类是根据法定程序被中国认可的国际条约和国际协定,另一类是根据《立法法》以及全国人大的相关决定,最高司法机关作出的司法解释。这些

---

[①] 参见〔意〕朱塞佩·格罗索:《罗马法史(2009年校订本)》,黄风译,中国政法大学出版社2009年版,第77页。
[②] 同上书,第78页。

法源被称为"正式渊源",同不具有成文形式和效力的政策、习惯、判例以及学说和法理等相区别。在描述意义上,后者有时被称为"非正式法源"。

## 一、宪法

宪法是国家的根本法。宪法规定了国家的根本制度(社会主义制度)、根本任务(沿着中国特色社会主义道路,集中力量进行社会主义现代化建设)、公民的基本权利和义务、国家机构的组成、中央与地方关系等最基本、最重要的问题。宪法以法律的形式确认了我国各族人民奋斗的成果,具有最高的法律效力,一切法律、行政法规和地方性法规都不得同宪法相抵触。一切国家机关和武装力量、各政党和各社会团体、各企业事业组织都必须遵守宪法和法律。一切违反宪法和法律的行为,必须予以追究。任何组织或者个人都不得有超越宪法和法律的特权。全国各族人民、一切国家机关和武装力量、各政党和各社会团体、各企业事业组织,都必须以宪法为根本的活动准则,并且负有维护宪法尊严、保证宪法实施的职责。

宪法的制定机关和修改机关是全国人民代表大会。宪法的修改,由全国人大常委会或者1/5以上的全国人大代表提议,并由全国人大以全体代表的2/3以上的多数通过。

现行宪法为1982年通过的《中华人民共和国宪法》(以下简称《宪法》),历经1988年、1993年、1999年、2004年和2018年五次修正,分为序言,总纲,公民的基本权利和义务,国家机构,国旗、国歌、国徽、首都等章节,共一百四十三条。

## 二、法律

这里的法律是指狭义的法律,是指由全国人大及其常委会根据法定职权和程序制定的规范性文件的总和。法律包括两部分:基本法律和基本法律以外的其他法律。法律的效力低于宪法,高于其他规范性文件,是法律渊源中最重要的组成部分。《立法法》第10条第2款规定:"全国人民代表大会制定和修改刑事、民事、国家机构的和其他的基本法律。"①

关于基本法律,可以从两个方面理解:从法律性质上看,基本法律对某一类社会关系的调整和规范,在国家和社会生活中应当具有全局的、长远的、普遍的和根本的规范意义。从调整的内容上看,基本法律所涉及的事项应当是公民的基本权利和义务关系,国家经济和社会生活中某一方面的基本关系,国家政治生活各个方面的基本制度,事关国家主权和国内市场统一的重大事项,以及其他基本和重大的事项。②所谓"其他的基本法律",是指除刑事、民事和国家机构以外的其他必须由全国人大制定和修改的重要法律。到目前为止,由全国人大制定和修改的基本法律有近 40 部,其中不少属于"其他的基本法律",主要包括兵役法、教育法、工会法、全民所有制工业企业法、外商投资企业和外国企业所得税法等。实践证明,其他的基本法律在国家和社会生活的不少方面都发挥了重大作用。

《立法法》第 10 条第 3 款规定,"全国人民代表大会常务委员会制定和修改除应当由全国人民代表大会制定的法律以外的其他法律"。③一般来说,这

---

① 《立法法》规定了专属立法权和法律保留制度,对于十类事项只能以制定法律的方式加以规定,包括国家主权事项,各级人大、人民政府、监察委、法院和检察院等国家机构的产生、组织和职权,民族区域自治制度、特别行政区制度、基层群众自治制度,犯罪和刑罚,对公民政治权利的剥夺、限制人身自由的强制措施和处罚,税收基本制度,对非国有财产的征收,民事基本制度,基本经济制度以及财政、海关、金融和外贸的基本制度,诉讼和仲裁制度等。

② 基本法律主要包括刑法、刑事诉讼法、民法、民事诉讼法、全国人民代表大会组织法、国务院组织法、地方各级人民代表大会和地方各级人民政府组织法、监察法、人民法院组织法、人民检察院组织法、选举法、民族区域自治法,有关设立特别行政区及特别行政区内管理制定的法律等。这些法律涉及国家生活中最根本、最重要的问题,因此,必须由全国人大来行使这些法律的制定权。

③ 宪法规定全国人大制定基本法律,并不意味着全国人大只能制定基本法律,非基本的法律全国人大就无权制定。宪法规定的意义仅在于,基本法律必须由全国人大制定,至于非基本的法律,宪法虽然没有明确规定全国人大可以制定非基本法律,但宪法第 62 条规定,全国人大可以行使"应当由最高国家权力机关行使的其他职权"。全国人大作为最高国家权力机关,其立法权限范围是十分宽泛的,不仅可以制定基本法律,也可以制定非基本法律,但重点应当是基本法律。所以,只要全国人大认为必要,它完全可以制定非基本法律。

部分法律规定的内容比较具体,调整的范围相对基本法律而言较小,也是法律的主要组成部分,包括市场经济方面的法律,以及许多其他方面的法律,如行政处罚法、行政监察法、行政复议法、国家赔偿法、法官法、检察官法、警察法等。

按照科学立法的原则,法律除了由有权机关按照法定程序制定以外,还应该保有法律的形式,以"中华人民共和国××法"的形式命名。①除此之外,全国人大及其常委会所作出的决议或决定,具有规范性内容的,也属于法律的范畴,与法律具有同等的效力,如全国人大常委会1984年通过的《全国人民代表大会常务委员会关于在沿海港口城市设立海事法院的决定》等。

### 三、行政法规

行政法规是我国最高行政机关,国务院(即中央人民政府)根据宪法和法律或者全国人大常委会的授权决定,依照法定权限和程序,制定颁布的有关行政管理的规范性文件。行政法规的制定遵循"根据原则",应以宪法和法律为依据,不得与宪法与法律相抵触。在这一点上,行政法规区别于奉行"不抵触原则"的地方性法规。②《立法法》第72条第2款规定:"行政法规

---

① 全国人大常委会早期制定的法律也有以"条例"为名的,如1986年制定的《治安管理处罚条例》。随着立法技术的发展和民主科学立法原则的普遍适用,全国人大常委会2005年制定《中华人民共和国治安管理处罚法》(以下简称《治安管理处罚法》),取代了以"条例"为名称的规范。我国曾经先后于1957年和1986年颁布过两个《治安管理处罚条例》。

② 关于行政法规的规范属性,有两种不同的理解。一种是"职权说"。即法定的行政机关除了根据宪法和法律制定行政法规外,在宪法和法律赋予的职权范围内,根据实际需要,也可以制定行政法规。该说认为,制定行政法规是行政机关行使行政管理职权的形式之一,在职权范围内,凡法律未曾禁止或者不属于法律明确列举的调整事项,行政机关就可以通过制定行政法规来履行职权。制定行政法规的"根据"除了宪法和法律的具体授权外,还应包括赋予行政机关的职权。也就是说,只要在职权范围内,即使没有具体授权,行政机关也可以制定行政法规。另一种是占据主流地位的"依据说"。即行政机关制定行政法规,应遵守宪法和有关法律的要求,应有直接的"依据"和具体的授权。该说认为,制定行政法规不是行政机关固有的权力,也不是行政机关行使职权的形式。参见全国人大常委会法制工作委员会国家法室编著:《中华人民共和国立法法解读》,中国法制出版社2015年版,第274页。

可以就下列事项作出规定:(一)为执行法律的规定需要制定行政法规的事项;(二)宪法第八十九条规定的国务院行政管理职权的事项。"该条第3款规定:"应当由全国人民代表大会及其常务委员会制定法律的事项,国务院根据全国人民代表大会及其常务委员会的授权决定先制定的行政法规,经过实践检验,制定法律的条件成熟时,国务院应当及时提请全国人民代表大会及其常务委员会制定法律。"国务院制定行政法规的权力,带有一定的立法性质,属于行政立法权。但从权力归属上讲,行政立法权仍属于行政权,而不是国家立法权。

行政法规是仅次于法律的重要立法,在我国法律体系中占据重要地位。从行政法规的内容来看,主要涉及行政管理的原则、行政管理主体及其职责与任务、行政程序、行政处理(如行政许可、行政给付、行政确认、行政裁决、行政征收、行政强制、行政处罚与奖励等)以及行政救济。在我国,行政法规的数量远大于法律的数量。截至2023年年底,我国现行有效的行政法规600余件。行政法规一般以"条例""办法""命令"为名,如《医疗事故处理条例》《烟花爆竹安全管理条例》等。

### 四、地方性法规

地方性法规,是指法定的地方国家权力机关依照法定权限,在不同宪法、法律和行政法规相抵触的前提下,制定和颁布的在本行政区域范围内实施的规范性文件。

第一,从制定主体看,有权制定地方性法规的地方权力机关包括:省、自治区、直辖市的人大及其常委会;①设区的市、自治州的人大及其常委会。②

第二,从制定地方性法规所遵循的原则看,《立法法》第80条规定:"省、自治区、直辖市的人民代表大会及其常务委员会根据本行政区域的具体情

---

① 目前,我国共有23个省、5个自治区、4个直辖市和2个特别行政区。
② 截至2022年年底,我国共有30个自治州,289个设区的市。2015年3月15日,第十二届全国人民代表大会第三次会议通过《全国人民代表大会关于修改〈中华人民共和国立法法〉的决定》,决定广东省东莞市和中山市、甘肃省嘉峪关市、海南省三沙市比照适用设区的市行使地方立法权。

况和实际需要,在不同宪法、法律、行政法规相抵触的前提下,可以制定地方性法规。"即不抵触原则。不抵触原则意味着,要在坚持法治统一的前提下充分发挥地方积极性,在与上位法不抵触(而不是需要上位法积极性或明确性规定)的前提下,地方人大及其常委会可以先行立法。

第三,从地方性法规的权限看,主要有三种情形:一是为执行法律、行政法规的规定作出具体规定,二是地方性事务需要,三是除专属立法事项之外尚未制定法律、行政法规的事项。

地方性法规是我国法律体系中数量较大的一种规范性文件。大部分地方性法规以"条例"命名,但也存在部分以"办法""决定""规定""细则""实施细则""实施办法""议事规则"命名的地方性法规,如《辽宁省科技创新条例》《北京市生活垃圾管理条例》《广东省高等学校学生实习与毕业生就业见习条例》《深圳经济特区生态环境公益诉讼规定》等。

### 五、经济特区法规

经济特区法规是根据《立法法》和全国人大的授权决定,由经济特区所在地的省、市的人大及其常委会制定,在经济特区范围内实施的法规。《立法法》第 84 条第 1 款规定:"经济特区所在地的省、市的人民代表大会及其常务委员会根据全国人民代表大会的授权决定,制定法规,在经济特区范围内实施。"同时,该法第 101 条第 2 款规定:"经济特区法规根据授权对法律、行政法规、地方性法规作变通规定的,在本经济特区适用经济特区法规的规定。"这些规定意味着,《立法法》确认了经济特区法规的变通权。[①]

---

[①] 目前在经济特区法规制定中存在的一个主要的问题是,如何确定经济特区法规的变通权限。经济特区法规的权限范围是由全国人大的授权决定规定的,但由于全国人大的授权决定规定得比较原则,因此,除宪法的规定以及法律和行政法规的基本原则不能变通外,在其他情况下经济特区法规的变通权限并不明确。参见全国人大常委会法制工作委员会国家法室编著:《中华人民共和国立法法解读》,中国法制出版社 2015 年版,第 274 页。2019 年 8 月,《中共中央 国务院关于支持深圳建设中国特色社会主义先行示范区的意见》第 8 条再次明确,"用足用好经济特区立法权,在遵循宪法和法律、行政法规基本原则前提下,允许深圳立足改革创新实践需要,根据授权对法律、行政法规、地方性法规作变通规定"。

经济特区法规是我国地方立法的一种特殊形式,具有特殊的历史背景和实际需要。20世纪80年代,国家设立经济特区,全国人大及其常委会作出了一系列关于经济特区立法的授权决定,先授权广东、福建两省人大及其常委会制定单行经济法规,后授权海南省制定经济特区法规;20世纪90年代,全国人大及其常委会先后授权深圳、厦门、汕头和珠海市人大及其常委会和人民政府制定经济特区法规和规章。① 与地方性法规命名规则相同,经济特区法规也采用"条例"等命名形式。

### 六、自治条例和单行条例

自治条例是民族自治地方的权力机关根据自治权制定的综合性的规范性文件,如《延边朝鲜族自治州自治条例》。单行条例是指自治地方根据自治权在某个方面制定的规范性文件,如《黔南布依族苗族自治州岩溶资源保护条例》。

根据《立法法》的规定,自治条例和单行条例的制定原则是"依照当地民族的政治、经济和文化的特点"。根据这一原则,自治条例和单行条例在权限范围内可以对法律和行政法规予以变通规定,具体可分为两种情形:一是国家法律明确授权可以变通的事项,如《立法法》《民法典》等法律中明确规定民族自治地方可以根据各该法的基本原则制定变通或补充规定。② 二是国家立法虽未明确授权,但是法律、行政法规中存在不完全适合民族自治地

---

① 1981年,第五届全国人大常委会二十一次会议通过决议,授予广东省、福建省人大及其常委会制定所属经济特区的各项单行经济法规的权力;1988年,第七届全国人大一次会议通过了国务院关于建立海南经济特区的议案,授权海南省人大及其常委会制定所属经济特区的法规;1992年,第七届全国人大常委会二十六次会议通过决定,授权深圳市人大及其常委会和深圳市政府分别制定法规和规章在深圳经济特区实施;1994年,第八届全国人大二次会议通过决定,授权厦门市人大及其常委会和厦门市政府分别制定法规和规章在厦门经济特区实施;1996年,第八届全国人大四次会议作出决定,授权汕头市和珠海市人大及其常委会、政府分别制定法规和规章在各自的经济特区实施。
② 《甘孜藏族自治州施行〈中华人民共和国民法典〉婚姻家庭编的变通规定》第3条规定:"结婚年龄,男不得早于二十周岁,女不得早于十八周岁。"

方实际情况的规定。① 对于后一种情形,实践中遇到的情况非常少,应该给予全面客观和谨慎的考虑。需要明确的是,自治条例和单行条例不得对法律和行政法规的基本原则作出变通规定,不得对《宪法》和《民族区域自治法》作出变通规定,不得对其他有关法律、行政法规专门就民族自治地方所作的规定作出变通规定。

### 七、特别行政区基本法和特别行政区其他法律

根据"一国两制"原则建立的香港特别行政区和澳门特别行政区是我国特有的政治制度。国家通过基本法的形式明确规定了特别行政区根本性的、最重要的制度和政策,包括社会制度、政治体制、居民的基本权利和义务、对外关系以及与中央的关系等。《中华人民共和国香港特别行政区基本法》(以下简称《香港特别行政区基本法》)由七届全国人大三次会议于1990年4月4日通过,自1997年7月1日起实施,包括《香港特别行政区基本法》以及三个附件:附件一《香港特别行政区行政长官的产生办法》,附件二《香港特别行政区立法会的产生办法和表决程序》,附件三《在香港特别行政区实施的全国性法律》。《中华人民共和国澳门特别行政区基本法》(以下简称《澳门特别行政区基本法》)由八届全国人大一次会议于1993年3月31日通过,自1999年12月20日起实施,包括《澳门特别行政区基本法》以及三个附件:附件一《澳门特别行政区行政长官的产生办法》,附件二《澳门特别行政区立法会的产生办法》,附件三《在澳门特别行政区实施的全国性法律》。上述特别行政区基本法的修改权属于全国人大,解释权属于全国人大常委会。

除了基本法和在特别行政区实施的全国性法律,特别行政区的法律渊源还包括特别行政区立法会制定的法律、特别行政区予以保留的原有法律(香港原有法律包括普通法、衡平法、条例、附属立法和习惯法,澳门特别行

---

① 参见全国人大常委会法制工作委员会国家法室编著:《中华人民共和国立法法解读》,中国法制出版社2015年版,第274页。

政区原有法律包括法律、法令、行政法规和其他规范性文件)。此外,香港特别行政区受普通法传统影响,判例也是其法律渊源的一部分。

### 八、部门规章、政府规章

部门规章是指国务院各部门根据法律和国务院的行政法规、决定、命令在本部门的权限内按照规定程序所制定的规定、办法、规则等规范性文件的总称。制定部门规章应根据法律、法规的规定,它不是行政机关固有的权力。从本质上来说,制定规章属于执行法律和法规的行政行为,这在学理上被称为"依据说"而不是"职权说"。

《立法法》第91条第1款规定:"国务院各部、委员会、中国人民银行、审计署和具有行政管理职能的直属机构以及法律规定的机构,可以根据法律和国务院的行政法规、决定、命令,在本部门的权限范围内,制定规章。"据此,第一,部门规章规定的事项应当属于执行法律或者国务院的行政法规、决定、命令的事项。第二,部门规章的制定和发布必须在本部门权限范围之内,在内容上必须是本部门业务范围的事项。第三,没有明确依据,部门规章不得设定减损公民、法人和其他组织权利或者增加其义务的规范,不得增加本部门的权力或者减少本部门的法定职责。

政府规章是指有制定权的地方政府根据法律和法规,按照规定的权限和程序所制定的普遍适用于本行政区域的规定、办法、细则、规则等规范性文件的总称。《立法法》第93条第1款规定:"省、自治区、直辖市和设区的市、自治州的人民政府,可以根据法律、行政法规和本省、自治区、直辖市的地方性法规,制定规章。"地方政府规章可以就下列事项作出规定:为执行法律、行政法规、地方性法规的规定需要制定规章的事项;属于本行政区域的具体行政管理事项。制定地方政府规章要有明确的上位法依据(依据说),这一点区别于地方性法规的不抵触原则。举轻以明重,没有上位法的专门依据,地方政府规章不得设立减损公民、法人及其他组织权利或增加其义务的规范。

部门规章的效力低于行政法规,地方政府规章的效力低于地方性法规。

部门规章的主要形式是命令、指示、规定等,地方政府规章的具体形式有规程、规则、细则、办法、纲要、标准、准则等。

## 九、军事法规和军事规章

中央军事委员会(以下简称"中央军委")有权制定军事法规,中央军委各总部、军兵种、战区有权制定军事规章。军事法规和军事规章调整的对象是武装力量内部的社会关系。不同于一般的、普遍的规范性文件,军事法规和军事规章只能在军队内部施行。军事法规和军事规章的法律效力也与一般的规范性文件不同:对人,主要适用于军人和在军队内工作的职员;空间上,主要适用于军事禁区、军事管理区和其他军队管理的场所。如果军事法规涉及地方性内容,需要地方遵守和执行,则应当由国务院和中央军委联合颁布,这时它的性质并不仅仅是军事法规,同时也具有行政法规的性质。同样,如果军事规章涉及地方性内容,需要地方遵守和执行,也应当由相应的中央军委总部、军兵种、战区会同国务院有关部门联合制定。

## 十、国际法

作为国际法律关系主体的国家(或者地区)之间制定和实施的法律,国际法是指适用于主权国家之间以及其他具有国际人格的实体之间的法律规则的总体。《国际法院规约》第38条将国际法的主要造法方式即国际法规则形成的方式归结为三类:国际条约、国际习惯法和为各国所承认的一般法律原则。这些也构成国际法法源的主要类型。

国际条约是指两个或者两个以上国家、地区、区域组织制定的,确定其权利义务的各种协议,其名称包括"公约""条约""协议""议定书""宣言"等。其中,我国作为缔约国的国际条约可以作为我国的法源。《宪法》第67条规定,全国人大常委会有权"决定同外国缔结的条约和重要协定的批准和废除"。国际习惯法实质上产生、适用于尚未组织起来的国际社会,其构成有两个要素:普遍的或区域性的国家实践,以及这种实践被有关国家承认为法律。国际习惯法常常是以早期条约的某些条款为渊源,这些条款后来被承认为法规。国际法的基本原则是国际关系主体处理相互关系时所持的基本原理和准则,包括各国主权平等、互相尊重主权和领土完整、互不侵犯、互不干涉内政、平等互利、和平共处、和平解决国际争端、禁止以武力相威胁和使用武力以及民族自决原则等。

### 十一、法律解释

法律解释是指有关国家机关按照宪法和法律所赋予的权限,对有关法律条文的含义所作的能够产生实际法律效果的说明和阐述。根据解释主体的不同,法律解释可以具体分为立法解释和应用解释。

立法解释是立法机关在法律制定后,根据法律的执行情况和执行中遇到的问题,对法律的有关规定的含义作出进一步说明和阐述。《立法法》第48条第1款规定:"法律解释权属于全国人民代表大会常务委员会。"法律解释主要有两种情况:"法律的规定需要进一步明确具体含义的",以及"法律制定后出现新的情况,需要明确适用法律依据的"。全国人大常委会作出的法律解释同法律具有同等效力。

应用解释是法律实施机关(包括审判机关、检察机关和行政机关)在应用法律过程中,对法律有关规定的含义所作的说明和阐述,具体可分为司法解释和行政解释。在2015年之前,应用解释的法律依据主要来自第五届全国人大常委会于1981年6月通过的《全国人民代表大会常务委员会关于加强法律解释工作的决议》。[①] 该决议规定,最高人民法院、最高人民检察院和国务院及其主管部门可以对法律如何具体应用的问题进行解释。2015年《立法法》修改增加了相关规定表述,其中第104条第1款规定:"最高人民法院、最高人民检察院作出的属于审判、检察工作中具体应用法律的解释,应当主要针对具体的法律条文,并符合立法的目的、原则和原意。遇有

---

① 该决议第2条规定:"凡属于法院审判工作中具体应用法律、法令的问题,由最高人民法院进行解释。凡属于检察院检察工作中具体应用法律、法令的问题,由最高人民检察院进行解释。最高人民法院和最高人民检察院的解释如果有原则性的分歧,报请全国人民代表大会常务委员会解释或决定。"第3条规定:"不属于审判和检察工作中的其他法律、法令如何具体应用的问题,由国务院及主管部门进行解释。"

本法第四十五条第二款规定情况的,应当向全国人民代表大会常务委员会提出法律解释的要求或者提出制定、修改有关法律的议案。"该条第3款规定,"最高人民法院、最高人民检察院以外的审判机关和检察机关,不得作出具体应用法律的解释。"

行政解释,是指国家行政机关在依法行使职权时,对非由其创制的有关法律、法规如何具体应用的问题所作的解释。它包括两种情况:第一,国务院及其主管部门对不属于审判和检察工作中的其他法律如何具体应用的问题所作的解释。这种解释,实践中一般体现在它们所制定的有关法律的实施细则中。第二,省、自治区、直辖市人民政府及其主管部门对地方性法规如何具体应用的问题所作的解释。这种解释仅在其所辖区域内发生效力。①

除上述正式法律渊源外,我国法律中是否包括其他类型的法律渊源也是学者讨论较多的问题。有学者认为,政策、习惯和判例等非正式法律渊源不具有正式法的形式和效力,②但在特定条件下可以作为一种法的辅助渊源。③

(1) 习惯。习惯是经过长期的历史积淀而形成的一种为人们自觉遵守的社会规范和行为模式。习惯法则是习惯经过长期的实践形成的为人们所信奉的具有法律效力的习惯。学理上和实践中论及的习惯实际上多是指习

---

① 从我国行政解释体制来看,对行政法规和规章的条文本身需要进一步明确界限或者作补充规定的,由法规和规章制定者解释,从而形成立法性的行政解释;尽管1981年《全国人民代表大会常务委员会关于加强法律解释工作的决议》规定,"不属于审判和检察工作中的其他法律、法令如何具体应用的问题,由国务院及主管部门解释",但因为国务院及其主管部门不是法律法规的具体实施者,不能够在具体执法过程中作出个案解释,其解释行为只能表现为针对法律文本的抽象解释。从行政解释的形式来看,行政解释是对法律法规文本进行的抽象解释,与法律事实无关,不是法律适用过程中的解释,是事前解释和抽象解释。

② 关于非正式法律渊源的功能,以及它们能否跻身正式法律渊源行列的问题,仍属于法本体论的核心问题——什么是法。就此,有学者明确指出:"关于什么是法、什么不是法,每一位学者都可以提出自己的理解和见解,但是不能忽略'法律由国家制定'是中国作为一个制定法传统国家的制度现实和制度事实,这一制度事实并不因人们有这样或者那样的理解和解释得到改变。"参见刘作翔:《当代中国的规范体系:理论与制度结构》,载《中国社会科学》2019年第7期。

③ 张文显主编:《法理学(第三版)》,法律出版社2007年版,第137页。

惯法。从学理上分析,习惯上升为习惯法需要满足长期稳定、普遍确信和具有效力三个条件。实践中,德国、瑞士等国认可习惯法的法源地位。我国《民法典》第10条规定,"处理民事纠纷,应当依照法律;法律没有规定的,可以适用习惯,但是不得违背公序良俗。"刘作翔教授认为,不能把本条规定的习惯理解为我国民法上的法源,"这样一个规定只是明确了在法律缺位的情况下,习惯可以作为弥补法律漏洞的一个行为依据和裁判依据,给了我们另外一个规范选择,但并不意味着这样一个规定就改变了习惯这个规范类型的性质。习惯仍然是习惯,习惯并不能变成法律,也并不意味着这样一个规定就把它变成了法律渊源。"① 民法学界将本条中的习惯作为法源的解释,实际上是错误地理解了法源的概念。法源是"有效力的法律表现形式",法源首先是法律,这一前提由各国的宪法和立法法规定。

(2)政策。与法律相比,政策规范具有原则性、概括性、针对性、指导性和灵活性等特征。政策对法律的影响作用不仅表现在立法中,而且对法律解释与法律实施也具有重要影响。有学者认为,政策应该是我国社会主义法的重要渊源之一。② 1986年制定的《中华人民共和国民法通则》(以下简称《民法通则》)第6条规定:"民事活动必须遵守法律,法律没有规定的,应当遵守国家政策。"《民法典》没有就政策作出规定。整体来说,政策在法律实践中具有重要的影响力,但它不是我国的正式法源。

(3)判例。在我国,除了香港特别行政区,判例并不是正式法源。我国的法源主体是制定法,法源产生于立法机关和立法行为,不具有立法权或规范创制权的机关不能制定规范性法律文件。司法机关就具体案件发布的判决对下级法院和本级法院以后的判决并没有法律约束力。

实践中,我国最高司法机关——最高人民法院、最高人民检察院分别制定了《最高人民法院关于案例指导工作的规定》《最高人民检察院关于案例指导工作的规定》,并据此发布指导性案例,其功能在于司法系统的内部示范,即总结审判、检察经验,保障法律统一、正确实施,但不具有法律创制意义。

---

① 刘作翔:《"法源"的误用——关于法律渊源的理性思考》,载《法律科学》2019年第3期。

② 参见沈宗灵主编:《法理学(第三版)》,北京大学出版社2009年版,第270页。

# 第五章　法的效力

Chapter 5

法作为社会规范,是具有法律约束力的规范。法的效力是指法律对人的行为和社会关系所具有的约束力。从法源或法律适用的角度来说,法是行为规范和裁判规范,法律效力意味着基于人、事项、时间、空间等因素,不同的法律呈现出效力上的差异。基于调整对象的不同,不同法律之间有着相对确定的分工,在各自的范围内产生约束力,但其中也存在规范竞合和冲突的可能。对于一个待决问题,逻辑上有一个最优的法律规范作为处置依据,并产生特定的约束力,即法律效力。法的效力是定义法律的核心要素,是辨别法源并在法律适用中对相关法律规范进行先后排序的重要标准。需要注意的是,法的效力不等同于法律中的国家暴力或国家强制力。

## 第一节　法的效力概述

### 一、法的效力

法的效力是指法律对人的行为和社会关系所具有的法律上的约束力或强制力。就法律上的约束力或强制力,需要说明以下两点:

第一,约束力或强制力针对的是人的外在行为,包括行为的方式和行为的结果。这种约束力或强制力是通过法律对人的行为的肯定性或否定性评价来呈现的。同理,对社会关系的效力也是基于对人的行为或事实的肯定性或否定性评价来实现的。

第二,强制力或约束力的"力",不是事实上或国家暴力所展示出来的不利后果的约束或强制,而是指法律对人的行为和社会关系的拘束,是法律规范上的约束力。

法的效力或法律效力表明的是法律具有普遍的约束力,根据法律规定,法律规范的调整对象应该无一例外地接受法律的约束。

**示例 5-1**

《刑法》第二百三十二条 故意杀人的,处死刑、无期徒刑或者十年以上有期徒刑;情节较轻的,处三年以上十年以下有期徒刑。

**示例 5-2**

《民法典》第三百六十二条 宅基地使用权人依法对集体所有的土地享有占有和使用的权利,有权依法利用该土地建造住宅及其附属设施。

上述示例中的法律条款,对主体具有效力,但这种效力不是当然来自违反该规范所引发的国家暴力机器的介入,而是基于它是由有权机关制定的法律规范。法的效力表明的是"普遍的效力要求,也就是法律规范的接受对象都应遵守的当为"①。从法的调整对象来说,法的效力或法的约束力的产生来源于其对法律的确信。这种确信表现为,确信法之为法而应当得到遵守,确信违法会遭遇不利后果,或确信法符合某种道德或超验观念。这种基于法系规范的事实、法的不利后果、法的道德基础的确信,分别对应解释法

---

① 〔德〕伯恩·魏德士:《法理学》,丁晓春、吴越译,法律出版社 2013 年版,第 149 页。

的效力的三种不同的理论策略,即法规范理论、法社会学解释和法伦理学解释。①

基于法律系权威性规范这一属性理解法的效力,法律是由权威机关即有权机关制定的规范,该规范即法律规范,具有法律效力。"基于法律上有效的规范而有权限的机关,以合乎法律规定的方式来制定规范、法律上有效的上位阶法律。"②法应当有效,因为法是由国家制定并由其实施的。

法的效力的社会学解释关心的是法律规范在多大程度上得到遵守。社会实效性或者说"法律实效"(efficacy of law)是指法律产生的实际效果,即法律对人的行为和社会关系所实际产生的约束力。它与"法的效力"(validity of law)这一概念相关但含义不同,一个法律规范具有效力不代表它一定或总是具有实效。影响法律实效的因素很多,涉及法律规范、守法主体、法治体制、环境等多方面因素。反过来,一部法律即使未必取得理想的实效,也并不减损其效力。法律效力强调的是法律具有普遍约束力,而法律实效揭示的是法律在实际遵守程度方面有差异。

法的效力的伦理学解释关注的是法律效力的道德基础,一个法律规范如果在道德上是正当的,它就是有效的。这种解释策略强调法律与道德之间具有概念上的必然关联,同时有规范上的理由支持把道德因素包含在法的概念之中。

不同的解释策略表明了对法的概念的不同理解和对法律的不同功能定位。

## 二、法的效力范围

法的效力范围是指法律效力辐射或蔓延的范围,也就是法对什么群体、

---

① 参见〔德〕伯恩·魏德士:《法理学》,丁晓春、吴越译,法律出版社2013年版,第149—151页;〔德〕罗伯特·阿列克西:《法概念与法效力》,王鹏翔译,商务印书馆2020年版,第71—105页。
② 〔德〕罗伯特·阿列克西:《法概念与法效力》,王鹏翔译,商务印书馆2020年版,第79页。

在什么时间和空间范围内发挥其约束力和强制力。具体来说,法的效力包括法的对象效力、法的空间效力和法的时间效力。

(一)法的对象效力

法的对象效力是指法对哪些人具有法律约束力。法的效力对象就是法律所及的主体对象,即作为法律主体的人,包括自然人、法人、组织等。基于历史传统、国别以及法律规定等方面的不同,法的效力对象在范围上也有所不同。一般来说,确定法的效力对象范围有如下几种原则:

第一,属人原则,即法律对同一类型的所有人具有效力,无论其身在本国还是国外。《刑法》第7条第1款规定:"中华人民共和国公民在中华人民共和国领域外犯本法规定之罪的,适用本法,但是按本法规定的最高刑为三年以下有期徒刑的,可以不予追究。"本条规范表明,除了对我国领域内犯罪的人当然具有约束力外,刑法对我国公民在域外犯罪同样具有约束力。由此,中国公民只要违反了刑法,刑法就对其具有效力。该条款体现了法律对相同类别的人具有效力的属人原则。

第二,属地原则,即法律对属于相同地域范围内的人具有效力,无论其是本国人还是外国人。《刑法》第6条第1款规定:"凡在中华人民共和国领域内犯罪的,除法律有特别规定的以外,都适用本法。"《民法典》第12条规定:"中华人民共和国领域内的民事活动,适用中华人民共和国法律。法律另有规定的,依照其规定。"以上条款体现了属地主义原则是我国刑法、民法领域的基本效力原则。

第三,保护原则,即以保护本国利益为原则,不论行为人的国籍与所在地域,只要伤害了本国利益,本国法律便对其具有约束力。《刑法》第8条规定:"外国人在中华人民共和国领域外对中华人民共和国国家或者公民犯罪,而按本法规定的最低刑为三年以上有期徒刑的,可以适用本法,但是按照犯罪地的法律不受处罚的除外。"这一规定体现了我国刑法也适用保护原则。

第四,综合原则或结合主义,即以属地原则为主,并与属人原则和保护原则相结合,这是目前大多数国家所采取的原则。

### （二）法的空间效力

法的空间效力是指法律在哪些空间范围内具有约束力。从地域划分上看，法的效力包括一国领土主权范围内的效力和领土主权范围之外的效力。一国法律适用的国内范围包括该国主权所及的领陆、领水、领空、底土，还包括其延伸部分，如外交馆舍，在公海和外国领水上的军舰和公有船舶、航空器等。例如，我国《刑法》第6条第2款规定："凡在中华人民共和国船舶或者航空器内犯罪的，也适用本法。"一个国家的法律出自体现国家意志的立法，因此通常在一国领域内有效，但是在特殊情况下，一国的法律也会对域外的人产生约束力，称为"法律的域外效力"。

由于调整事项等因素的差异，法律的空间效力通常表现为三种情形：

第一，法律在本国范围内有效，即在本国主权所及全部空间领域内有效，包括属于本国主权范围的全部领陆、领空、领水，还包括本国驻外使领馆和在境外航行的飞机或停泊在境外的船舶。这种法一般是由一国中央层级的有法律制定权的机关制定的，在调整事项及其所覆盖区域上具有最大的普遍性，在法律效力上具有最高法律效力或优先于其他法律等特征。

第二，法律在部分区域内有效。一般而言，在部分区域有效的法律表现为两种情形：第一种情形是基于调整事项在区域分布上的差异而形成的法律效力差异，如全国人大制定的《香港特别行政区基本法》《中华人民共和国海上交通安全法》，国务院制定的《广东省经济特区条例》等。对此，可以有两种理解：一是法律仅在相关区域具有法律效力，在其他地区不具有效力。二是法律的效力是普遍的，不同之处在于，基于调整事项在区域分布方面的差异或其他原因，法律效力的表现状况以及守法要求存在差异，如《中华人民共和国土地管理法》是在土地管理领域产生效力，《中华人民共和国居民身份证法》在公民身份证明事项内具有法律效力；《中华人民共和国民法典》对民事行为具有普遍效力，而《中华人民共和国公司法》则属于规范公司事项的专门法律。第二种情形是基于立法主体的层级差异而形成的法律效力差异。现代法治国家，立法权分属于不同层级的主体。与中央层级的立法主体不同,地方立法机关制定的规范性法律文件的效力以地方行政区域为空间效力范围,如《上海市中医药条例》《辽宁省科技创新条例》《黑龙江省母婴保健条例》等。

第三,在特定条件下,有些法律还会延伸到域外发生法律效力。法的域外效力范围一般由国家之间通过签订条约加以确定,或由法本身明文规定。但需要明确的是,法的域外效力是基于法的对象效力中的属人原则或保护原则而产生的。

(三) 法的时间效力

法的时间效力是指法律在什么时间生效,什么时间终止效力。

(1) 法律的生效时间。法律从何时开始生效,一般根据该项法律的性质和实际需要来确定,通常有三种方式:一是法律中明确规定生效施行的日期。法律公布后往往并不立即生效施行,而是需要一段时间的宣传和准备工作,经过一定时期后才开始施行,如《立法法》和《民法典》。[①]二是法律条文中明确规定从公布之日起生效施行,如《国家安全法》。三是通过专门的规定来确定法律生效时间,如宪法以及香港、澳门两个特别行政区基本法,由全国人大以公告或决定的形式规定生效时间。[②]

(2) 法律终止效力时间。一是由立法机关或者法定机关明确宣布其失效而被废止,即"新法出,灭旧法"。例如,《民法典》第 1260 条规定,本法自 2021 年 1 月 1 日起施行。《中华人民共和国婚姻法》《中华人民共和国继承

---

[①] 1986 年 12 月 2 日第六届全国人民代表大会常务委员会第十八次会议通过《中华人民共和国企业破产法(试行)》,该法第 43 条规定,"本法自全民所有制工业企业法实施满三个月之日起试行"。

[②] 1982 年 12 月 4 日,第五届全国人民代表大会第五次会议主席团发布公告:"《中华人民共和国宪法》已由中华人民共和国第五届全国人民代表大会第五次会议于一九八二年十二月四日通过,现予公布施行。"1990 年 4 月 4 日,第七届全国人民代表大会第三次会议通过《全国人民代表大会关于〈中华人民共和国香港特别行政区基本法〉的决定》;1993 年 3 月 31 日,第八届全国人民代表大会第一次会议通过《全国人民代表大会关于〈中华人民共和国澳门特别行政区基本法〉的决定》,确定两部基本法分别于 1997 年 7 月 1 日和 1999 年 12 月 20 日起实施。

法》《中华人民共和国民法通则》《中华人民共和国收养法》《中华人民共和国担保法》《中华人民共和国合同法》《中华人民共和国物权法》《中华人民共和国侵权责任法》《中华人民共和国民法总则》同时废止。二是由于新法颁布，旧法自然失效，即"新法出，旧法灭"。例如，1982年《宪法》颁布，1978年宪法即失效。第三，法律完成本身的历史任务而失效，如1950年颁布的《中华人民共和国土地改革法》。

（3）法的溯及力。法的溯及力又称"法律溯及既往的效力"，是指新颁布的法律对其颁布生效前发生的行为或事项是否适用的问题，如果适用则有溯及力，如果不适用则不具有溯及力。从逻辑上说，法的溯及力有适用和不适用两种情形。如果适用，就会出现一个行为适用两种规范的情形，法的确定性缺失，导致当事人无法确定其行为的法律效果，从而影响人们对其行为和社会关系的处置。所以，现代法治国家一般都奉行法不溯及既往的原则。但是，考虑到新法反映了最新的立法取向，有些法律会对其生效前的行为附条件适用，集中表现在刑法领域的"从旧兼从轻"原则，即原则上新法不溯及既往，但新法不认为是犯罪或罪轻的，可以适用新法。《立法法》第104条规定："法律、行政法规、地方性法规、自治条例和单行条例、规章不溯及既往，但为了更好地保护公民、法人和其他组织的权利和利益而作的特别规定除外。"《刑法》第12条第1款规定："中华人民共和国成立以后本法施行以前的行为，如果当时的法律不认为是犯罪的，适用当时的法律；如果当时的法律认为是犯罪的，依照本法总则第四章第八节的规定应当追诉的，按照当时的法律追究刑事责任，但是如果本法不认为是犯罪或者处刑较轻的，适用本法。"这些规定体现了"从旧兼从轻"原则。

## 示例 5-3

1994年5月，周某和孙某、冉某窃得七八十万元现金和一块名贵手表，三人平分赃款。不久，孙某、冉某被抓获，周某逃脱。1995年12月，孙某被判处死刑,冉某被判处无期徒刑。2005年1月,隐藏多年的周某被抓获,人民法院依据1997年修订的《刑法》第12条关于"从旧兼从轻"原则的规定,以盗窃罪判处周某有期徒刑15年,并处罚金人民币5万元。①

## 第二节 法的效力层次与适用原则

### 一、概念与划分

按照特定的标准,一国法律渊源的组合形成其法律部门和法律体系。在这个由各类法律法规组成的规范体系中,各种规范性法律文件之间存在效力差异,形成效力位阶,可称为"法的效力层次"。法的效力层次是指在组成一国法律体系的各种法源中,由于制定主体、程序、时间、适用范围等因素的不同而形成的一个法的效力等级层次。

决定法的效力层次的因素主要有:(1)制定主体。一般来说,立法主体的层级决定了法的效力层次的高低。(2)适用范围。一般来说,适用于特定类型的人、事、时间、地域等的特别法律优先于一般性的法律。(3)制定时间。一般来说,新法更能反映立法者的立法目的,因此,就调整同类领域的法律来说,新制定的法律效力优先于以前制定的法律效力。

### 二、效力层次划分的一般规则

法的效力层次划分的一般规则,是指不同层级的主体制定的法律有不

---

① 1997年3月14日修订并重新发布的《刑法》第264条规定:"盗窃公私财物,数额较大或者多次盗窃的,处三年以下有期徒刑、拘役或者管制,并处或者单处罚金;数额巨大或者有其他严重情节的,处三年以上十年以下有期徒刑,并处罚金;数额特别巨大或者有其他特别严重情节的,处十年以上有期徒刑或者无期徒刑,并处罚金或者没收财产;有下列情形之一的,处无期徒刑或者死刑,并处没收财产:(一)盗窃金融机构,数额特别巨大的;(二)盗窃珍贵文物,情节严重的。"据此,只有盗窃金融机构并且数额特别巨大、盗窃珍贵文物且情节严重等两种情形可判处死刑,盗窃普通公私财物等其他对象的,至多判处无期徒刑,而不会是死刑。这与修订前的1979年《刑法》的相关规定有明显区别,即对于一般盗窃犯罪而言,新法处刑较旧法轻。

同的效力层级,层级高的主体制定的法律效力高于层级低的主体制定的法律,即"上位法优于下位法"的规则。《立法法》第98条规定:"宪法具有最高的法律效力,一切法律、行政法规、地方性法规、自治条例和单行条例、规章都不得同宪法相抵触。"除此之外,法律的效力高于行政法规、地方性法规和规章;行政法规的效力高于地方性法规和规章;地方性法规的效力高于本级和下级地方政府规章,省、自治区的人民政府制定的规章的效力高于本行政区域内的较大的市的人民政府制定的规章;不同的部门规章、部门规章与地方政府规章具有同等效力,在各自的权限范围内施行。当然,根据法律的规定,下位法可以对上位法作出变通规定。《立法法》第101条规定:"自治条例和单行条例依法对法律、行政法规、地方性法规作变通规定的,在本自治地方适用自治条例和单行条例的规定。经济特区法规根据授权对法律、行政法规、地方性法规作变通规定的,在本经济特区适用经济特区法规的规定。"

**示例 5-4**

2001年全国人大常委会修订《中华人民共和国婚姻法》,2003年国务院修改《婚姻登记条例》,取消了婚检作为婚姻登记的必要条件。2005年,黑龙江省人大常委会对《黑龙江省母婴保健条例》进行修改,仍然保留了婚检制度。对此,两公民联名致信全国人大常委会,要求对《婚姻登记条例》和《黑龙江省母婴保健条例》进行合法性审查。就此问题,黑龙江省人大常委会的工作人员在接受采访时指出,《黑龙江省母婴保健条例》的上位法是1994年全国人大常委会颁布的《中华人民共和国母婴保健法》,该法第7条至第10条规定了婚检制度;《黑龙江省母婴保健条例》作为下位法,具有合法性,强制婚检制度没有废除,也不应废除。截至2011年10月29日,《黑龙江省母婴保健条例》已经修正过6次,但强制婚检制度的相关规定依然保留其中。

### 三、效力层次划分的特殊规则

法的效力层次划分的特殊规则是针对同级立法主体制定的法律发生冲突所使用的规则。《立法法》第103条规定:"同一机关制定的法律、行政法规、地方性法规、自治条例和单行条例、规章,特别规定与一般规定不一致的,适用特别规定;新的规定与旧的规定不一致的,适用新的规定。"这里区分了两种情况:

(1)特别法的效力优先于一般法。"特别法优于一般法"是针对同一主体制定的不同法律适用的效力层次划分规则。特别法一般是针对特定类型的人、事、时、地而专门制定的,立法目的较为明确清晰,具有较强的针对性。比较而言,一般法相对缺少这种针对性。比如,《民法典》是调整民事法律关系的一般性法律,而《著作权法》则是调整著作权关系的特别法律。

(2)新法的效力优先于旧法。"新法优于旧法"是针对两个具有同等级别效力的法律所适用的规则。当新法颁布实施,而所涉内容具有相同、相似乃至不同的规定时,新法的效力优于旧法的效力。这同样也是基于新法是立法者对新形势的回应这一考虑。

需要指出的是,实践中可能存在针对同一事项的新的一般规定与旧的特别规定不一致的情形,处理规则是,在不能确定如何适用两种法律时,应由全国人民代表大会常务委员会裁决;在不能确定如何适用两种行政法规时,应由国务院裁决;地方性法规和规章不能确定适用时,由制定机关裁决。

### 四、关于国际法的效力与适用

广义的国际法包括国际公法(International Public Law)和国际私法(International Private Law)。国际公法是关于国家之间或国家与其他国际法主体之间关系的法律规范的总体,是国际关系中用来规范国家之间关系的具有法律约束力的原则、规则和制度的总称。国际私法主要涉及解决有涉外因素的私人间案件所选择的法院是否具有管辖权以及选择准据法的问题。① 国际法的渊源主要表现为国际条约、国际习惯、一般法律原则、司法判例以及法律学说等。

国际法的适用问题主要表现为国际法与国内法之间的关系处理问题。在理论上，国际法与国内法的关系，有"一元论"和"二元论"两种观点。"一元论"认为国际法和国内法属于同一个法律体系，或者一个单一的法律结构的组成部分。其中，有人认为国内法优于国际法，如德国学者耶利内克、佐恩等。也有人认为国际法具有优先性，如美籍奥地利学者凯尔森。② 主张"二元论"的代表性学者是奥本海，他认为国际法与国内法分属于两个独立的法律体系，在特殊情形下国际法可以在国内适用。

国际法和国内法是不同的法律体系，但两个体系之间联系密切、互相渗透和互相补充。主权国家在制定和实施国内法时，应充分考虑国际法，不应违背其应承担的国际义务。同时，主权国家有权对国际法及其某些条款作出适用保留的规定。国际法的适用方式通常有两种：一是直接适用国际法，二是通过国内的立法机关将国际法转化为国内法后再适用。在我国，国际法的适用区分不同的情形，如《中华人民共和国民事诉讼法》第271条规定："中华人民共和国缔结或者参加的国际条约同本法有不同规定的，适用该国际条约的规定，但中华人民共和国声明保留的条款除外。"

---

① 参见朱文奇：《现代国际法》，商务印书馆2013年版，第1页。
② 汉斯·凯尔森(Hans Kelsen)，纯粹法学的创始人。在法哲学、宪法学与国际法学等领域颇有建树，是奥地利宪法学之父，晚年移居美国，代表作包括《纯粹法学》《法与国家的一般理论》和《国际法原理》等。纯粹法理论将研究对象限定在实证法领域，坚持规范科学的研究方法，以新康德主义为立场，旨在探究法律规范的应当问题。

第六章
Chapter 6

# 法的要素

在掌握了法的概念、特征及其外在表现形式（法源）之外，为整体、深入地认识法律，还需要类似于生物解剖一般地分析法律的内在构造，从微观层面详细认知组成法律的基本要素。翻开一部法律文本，我们会看到，法律是由文字串联组成的。这些串联的文字构成表征具体含义的法律概念，构成针对给定事项明确其法律效果的法律规则，也构成指示方向或目标的法律原则。同时，法律概念的连接，构成形式化的法律——法律条文，而法律条文所承载的则是具有实质规范内涵的法的组成要素——法律规则和法律原则。

## 第一节　基本释义

### 一、法律与法律条文

在成文法国家，法律是以文字联结成法律条文的方式呈现的。翻开法典，法律都是以条文的形式排列的。在日常语境中，经常可以听到诸如"根据某法第几条法律条款或条文，认定你的行为违法"之类的陈述。

## 示例 6-1

《宪法》第四十九条第一款　婚姻、家庭、母亲和儿童受国家的保护。

《立法法》第五条　立法应当符合宪法的规定、原则和精神，依照法定的权限和程序，从国家整体利益出发，维护社会主义法制的统一、尊严、权威。

《刑法》第二十三条第一款　已经着手实行犯罪，由于犯罪分子意志以外的原因而未得逞的，是犯罪未遂。

《民法典》第九百七十九条　管理人没有法定的或者约定的义务，为避免他人利益受损失而管理他人事务的，可以请求受益人偿还因管理事务而支出的必要费用；管理人因管理事务受到损失的，可以请求受益人给予适当补偿。管理事务不符合受益人真实意思的，管理人不享有前款规定的权利；但是，受益人的真实意思违反法律或者违背公序良俗的除外。

上述示例节选自相关的法典，均属于法律条文，它们都表达了特定的含义，具有法律意义，是法律的形式化表达，但却不能笼统地说它们就是法律或法律规范。一般来说，法律条文是法律规范的外在形式，法律规范是法律条文所要表达的实质内容。两者关系如下：

第一，法律条文是法律规范的表述手段或形式。在成文法国家，法律规范通过文字以法典的方式呈现，法律条文构成法律规范的外在形式。但也需要指出，法律规范未必都通过书面条文的方式呈现，在认可判例法、习惯法等为法源的法域，法律条文仅仅是法律规范的一种表述形式。

第二，法律条文所表达的内容不仅限于法律规范。也就是说，并非所有的法律条文都用来表述法律规范。法典中有着大量不表述法律规范的条文，它们可以被称为"非规范性条文"。根据条文内容和功能的不同，非规范性条文可分为定义性条文、说明性条文、宣示性条文等。定义性条文的功能在于明确特定概念或表述的具体含义，如《刑法》第65条第1款规定，"被判处有期徒刑以上刑罚的犯罪分子，刑罚执行完毕或者赦免以后，在五年以内再犯应当判处有期徒刑以上刑罚之罪的，是累犯"。说明性条文是用来对法律的生效、实施等相关事项进行说明的条文，如《刑法》第58条第1款规定：

"附加剥夺政治权利的刑期,从徒刑、拘役执行完毕之日或者从假释之日起计算;剥夺政治权利的效力当然适用于主刑执行期间。"宣示性条文是用来表达与法律相关的背景或价值等方面内容的条文,如《宪法》第1条第1款规定:"中华人民共和国是工人阶级领导的、以工农联盟为基础的人民民主专政的社会主义国家。"

第三,表述法律规范的规范性条文与法律规范,特别是与作为法律规范组成部分的法律规则之间的关系也有多种表现情形,具体参见本章第二节的分析。

## 二、法的要素概述

### (一)定义

任何法律都是由特定的基本要素构成的。法的要素是法的微观成分或结构,指的是法由哪些基本元素组成。如果把整体形态的法律看成一个系统,那么法律要素就是构成系统的基本元素。作为法律的组成元件和构成部分,法的要素表达两个方面的内容:一个内容是实然法,即实际存在的法的组成元件和构成部分;另一个内容是应然法,即理想中的法律应该由哪些元件和构成部分。[①]

### (二)特征

作为与法律整体相对应的法的要素,具有如下特征:

第一,个别性和局部性。它表现为一个个元素或个体,是组成法律有机体的细胞。

第二,多样性和差别性。组成法律的要素具有多样性,不同的法律要素之间存在差别性。

第三,整体性和不可分割性。虽然每个法律要素都是独立的单位,但是法律要素作为法律的组成部分又具有整体性和不可分割性,只有组成作为

---

① 参见姚建宗编著:《法理学:一般法律科学》,中国政法大学出版社2006年版,第85页。

整体的法律，个体的法律要素的意义才能得以体现。

（三）标准

法律要素是衡量法律合理化、科学化程度的一个重要标志。判断法律要素合理与否的标准通常有三个：(1) 法律要素的明确性、确定性程度。(2) 法律要素之间联系的紧密性、协调性程度。(3) 法律要素的专门化、技术化程度。

### 三、法的要素分类

在法理学上，较为经典的要素理论主要有四种，这些理论主张都尝试把法律的组成结构归结或还原为某一个或几个对应性的事物。

第一，命令说。这一理论把法律归结为单一的"命令"要素。这一理论初见于法国人让·博丹（Jean Bodin），中经英国学者托马斯·霍布斯（Thomas Hobbes），及至分析法学派创始人奥斯丁形成"命令说"（the command theory of law），一度成为西方法理学中的主导性理论。奥斯丁认为，主权者具有最高性、无限性、唯一性与统一性等特征，法律就是由主权者颁布的以惩罚为后盾的命令或规则。在奥斯丁看来，构成法律的命令、义务和制裁是三位一体的。奥斯丁将命令与不利后果紧密地连在一起，后者成为命令中不可或缺的组成部分。由此，在一个政治国家中，只有主权者拥有向别的主体发布命令的权力，而自己不受任何其他主体之命令的拘束，主权者的地位由服从习惯所保障。[①] 但是，命令说有失于简单的嫌疑，它无法解释为什么主权者自己也守法、后起的主权者为什么也遵守此前的法等现象。另外，它对暴力、威胁与法律之间关系也缺乏有效解释。[②]

第二，律令、技术、理想说。这一理论把法律归结为律令、技术、理想三种要素，代表人物为美国法学家庞德。庞德认为，人们在三种意义上使用

---

[①] 参见陈景辉：《命令与法的基本性质》，载《北方法学》2013年第4期。

[②] 参见〔英〕H. L. A. 哈特：《法律的概念（第二版）》，许家馨、李冠宜译，法律出版社2006年版，第48—74页。〔美〕布赖恩·比克斯：《法理学：理论与语境》，邱昭继译，法律出版社2008年版，第44页。

"法律"这一词语,即法律秩序、权威性资料、司法行政过程。其中,权威性资料包括律令、技术和法律理想,律令又包括规则、原则、概念、标准。庞德所说的"律令",其外延大体上相当于我们所讲的"法律"的外延。技术是指解释和适用法律规则、概念的方法以及在权威性资料中寻找审理特殊案件的根据的方法。法律理想是指特定社会中关于秩序的理想图画,即社会秩序应该是什么、它的目的何在等。

第三,规则说。这一理论由英国法学家哈特在批判性地继承奥斯丁法理学思想的基础上提出。哈特认为,法律是第一性规则和第二性规则的结合。第一性规则是设定义务的规则,它要求人们为或不为一定的行为,而不论他们是否愿意。第二性规则包括承认规则、改变规则和审判规则。承认规则的功能在于赋予规则以有效性,规定某一规则在满足何种条件下才能取得法律效力。改变规则授权特定主体修改或取消原有的第一性规则,创设新的第一性规则。审判规则授权特定机关就第一性规则是否被违反作出权威性决定。在哈特看来,承认规则是整个法律制度的基础。[①]

第四,规则、政策、原则说。这一模式由美国法学家德沃金在批判前述单一规则论的基础上提出。德沃金把法律分解为规则、政策和原则三个组成要素。政策是指特定社会中必须实施的有关经济、政治和社会等方面的发展目标,原则是任何条件下都要确保的个人权利、公平正义、道德等相关要求。

综合以上代表性学说,结合我国立法与司法的实际,本书认为,作为规范体系意义上的法律,是由法律规则和法律原则构成的。同时,法律规则和法律原则对行为以及与行为相对应的法律效果的规定,是通过成文或不成文形式的表意手段来实现的。这其中,法律概念(即法律上的概念)是一个不可或缺的表意工具。在弱意义上,法律概念也可以被视为法的要素之一,但它不直接涉及行为及法律关系。

---

[①] 参见〔英〕H. L. A. 哈特:《法律的概念(第二版)》,许家馨、李冠宜译,法律出版社2006年版,第75—118页。

## 第二节 法律规则

### 一、法律规则释义

法律规则是法最重要的组成要素。法律的属性与作用、法律的存在与运行，都与法律规则有着最直接的关系。准确、细致地掌握法律规则是学习法律和应用法律的关键所在。

简而言之，法律规则是指法律中赋予一种事实状态以明确法律效果的一般性规定。对此，我们作如下分解性说明：

第一，事实状态是指法律事实的发生、持续、变更以及消灭等状态。事实状态是法律规则所调整的对象，体现为特定类型的行为或社会关系。①

第二，一般性规定是指法律规则针对某一类事实状态作出规定，它适用于同一类人与事，对这一类人与事具有普遍的约束力，即"同等情形同等对待，类似情形类似处理"。从根本上说，是否具有普遍约束力和是否可以反复适用，是法律规则区别于逮捕证、搜查令、营业执照等有法律效力的个别性法律决定（非规范性法律文件）的主要标志。前者如《民法典》第585条第1款规定："当事人可以约定一方违约时应当根据违约情况向对方支付一定数额的违约金，也可以约定因违约产生的损失赔偿额的计算方法。"后者如某判决书载明"被告人在十五日内支付原告违约金两万元"。

第三，明确法律效果是指在某些事实发生之后，会导致特定的权利、义务发生变动（产生、变化或消灭），或引发某种法律责任。法律行为或事实发生之后，会引发何种法律效果（权利、义务或责任关系的变动）或法律意义（适法与否，以及合法或违法），法律规则会给出明确的指示。能否对事实状态作出明确的法律效果规定，是法律规则区别于另外两个要素即法律概念、法律原则的显著特征。

这里需要指出的是，人们在使用"法律规则"这一词语的时候，实际上有

---

① 关于法律事实的具体内容，参见"法律关系"一章的阐释。

两个不同的语境。当我们在诸如"法律是由国家制定的,是由国家强制力保障实施的规则体系","法律规则面前人人平等","讲规则,重诚信"等语境中使用"规则"或"法律规则"的时候,是在较为宽泛的意义上使用的。在此种语境下,"规则"与"法律"、"法律规则"与"法律"、"法律规则"与"法律规范"是一个意思。当我们在讨论法的要素这一语境下使用"法律规则"的时候,实际上它所指的是另外一种情形。"法律规则是规范性的——它们并不是要陈述事实,而是要设定行为的模式;并不是要探究既定条件下的行动后果,而是要制定关于给定条件下会产生何种后果的规则;并不是提供一个本属于现实世界的模式,而是要为现实世界提供一个模式。"①

再需要明确的是,法律规则的核心意义在于目的表达或价值表达的准确和真实,而不是绝对的逻辑真实。也就是说,法律规则包括后文所阐述的法律原则,它们通过使特定的群体遵守或执行法律,达到调整人的行为和社会关系的目的。法律规则不能停留于在逻辑意义上寻求真实与准确,而是要从法律所追求的目的或价值确定真实与正确。就此而言,法律规则的基本特征在于:

第一,法律规则是普遍地适用于一切对象的规范;

第二,法律规则是有条件的规范,它由对适用对象(法定的事实构成)的描述性规定以及行为模式和法律效果组成;

第三,法律规则的逻辑结构是重要的,但其核心承载不是逻辑真实本身,而是立法目的。②

## 二、法律规则的逻辑结构

法律规则的逻辑结构是指一条完整的法律规则需要具备哪些要素,这些要素依照何种逻辑关系成为一个整体。根据通说,法律规则的逻辑结构

---

① 〔英〕尼尔·麦考密克:《法律推理与法律理论》,姜峰译,法律出版社2018年版,第123页。
② 参见〔德〕伯恩·魏德士:《法理学》,丁晓春、吴越译,法律出版社2013年版,第59页。

分为条件假设、行为模式和法律效果三部分。

(一)条件假设

又称"假定"或"条件",是法律规则中关于适用该规则之具体条件的规定。

任何法律规则要发生效力,首先必须满足先决条件。只有具备相关先决条件,该法律规则才能适用于特定类型的主体与事实。这里的"先决条件"就是法律规则逻辑结构中的"条件假设"。这些前提性的先决条件主要涉及如下方面:

(1)主体条件,即主体是否合乎该法律规则的要求。例如,对于一名在校学生来说,他就不能构成贪污罪的单一主体,因为他不是"国家工作人员",不符合《刑法》关于贪污罪犯罪主体的规定。《刑法》中关于职务侵占罪的规定,在主体条件就有着明确的规定。第271条第1款规定,"公司、企业或者其他单位的工作人员,利用职务上的便利,将本单位财物非法占为己有,数额较大的",构成职务侵占罪。如果"利用职务上的便利,将本单位财物非法占为己有,数额较大的"行为发生在国家工作人员身上,则构成贪污罪。又如,妻子不能以《民法典》第1061条规定的"夫妻有相互继承遗产的权利"为依据主张继承健在的丈夫的财产。

(2)行为的背景条件,即行为所处的背景是否合乎法律规则的要求,包括时间、空间以及行为方式等。例如,根据《民法典》第46条的规定,妻子申请宣告丈夫死亡,须满足下落不明满4年,或因意外事件下落不明满2年的时间条件。又如,《刑法》第267条第1款规定,"抢夺公私财物,数额较大的,或者多次抢夺的",构成抢夺罪,判处相应的刑罚。而该条第2款规定:"携带凶器抢夺的,依照本法第二百六十三条的规定定罪处罚。"据此,携带凶器抢夺的行为构成抢劫罪,行为条件的不同导致适用的法律规则不同。

(3)行为的对象条件,即行为是否针对法律规则要求的对象。比如,拆毁一辆报废或明确停用的汽车的制动系统,与拆毁正在大型施工现场作业的机动车的制动系统是完全不同的,涉及是否适用《刑法》关于安全生产事故罪的相关法律规则。

## （二）行为模式

又称"处理"，是法律规则中关于行为模式的规定，即法律关于允许做什么，禁止做什么，以及必须做什么的规定。

在法律规则中，关于行为模式的规定常常使用一些特定的术语或表达方式，如"可以""有……的自由""不受……侵犯""禁止""应当""必须""有权"等。这些术语即法律规则通过授予权利、设定义务的方式对当事人的行为进行规范性指引，不同点在于，有些行为模式是确定的，有的行为是可以选择的。例如，《民法典》第396条规定："企业、个体工商户、农业生产经营者可以将现有的以及将有的生产设备、原材料、半成品、产品抵押，债务人不履行到期债务或者发生当事人约定的实现抵押权的情形，债权人有权就抵押财产确定时的动产优先受偿。"《民法典》第58条第2款规定，"法人应当有自己的名称、组织机构、住所、财产或者经费"。《民法典》第1042条第2款规定："禁止重婚。禁止有配偶者与他人同居。"这些条款通过设定可选择的行为（"可以"）以及不可选择的行为（"应当"以及"禁止"），明确了法律规则针对的事实状态。

## （三）法律效果

又称"法律后果"，是法律规则中对符合规则或违反规则所给予的肯定性或否定性规定，有的教材将其称为"后果归结"。

法律效果意味着法律对法律关系中权利、义务或责任关系状态的态度。肯定性规定是确认特定类型的事实状态以及产生的利益具有合法性，法律对此给予确认和保护。否定性规定则表明法律对其不予保护甚至实施惩罚。

需要指出的是，任何一条完整的法律规则都是由条件假设、行为模式和法律效果组成的，三者需要同时具备，缺一不可；三者组合形成一个法律规则，需要遵循特定的先后逻辑。在立法实践中，基于节约成本的考虑，或者基于无须特别指出的共识等考虑，会出现省略或在他处设置条件假设、行为模式的情形，不过通过体系分析，便往往能够很容易提取出完整的法律规则，但是法律效果是不能省略的。

### 示例 6-2

《刑法》第三百零三条第一款　以营利为目的,聚众赌博或者以赌博为业的,处三年以下有期徒刑、拘役或者管制,并处罚金。

示例 6-2 省略了行为主体,但通过体系分析便能得出,该法律规则的行为主体是刑法上的一般主体,应符合《刑法》第 17 条关于刑事责任主体的规定。也就是说,适用该规则对赌博行为进行追责,要符合《刑法》第 17 条对法定年龄和责任能力的规定。这里,基于立法成本的考虑,无须把一般主体的规定在每一条法律规则里反复规定。在该规则中,"以营利为目的"是行为的背景性要求,2005 年《最高人民法院、最高人民检察院关于办理赌博刑事案件具体应用法律若干问题的解释》第 9 条规定:"不以营利为目的,进行带有少量财物输赢的娱乐活动,以及提供棋牌室等娱乐场所只收取正常的场所和服务费用的经营行为等,不以赌博论处。"因此,适用该条规则,需要满足"以营利为目的"这个条件。

### 三、法律规则与法律条文

前文分析了法律条文与法律规范之间的关系,从法律规则逻辑构成的角度来说,法律条文与法律规则之间的关系表现为如下几种情形:

第一,法律规则的三要素整体处于一个条文之中。例如,《刑法》第 239 条第 1 款规定:"以勒索财物为目的绑架他人的,或者绑架他人作为人质的,处十年以上有期徒刑或者无期徒刑,并处罚金或者没收财产;情节较轻的,处五年以上十年以下有期徒刑,并处罚金。"

第二,三要素分处同一部法典的不同条文中。例如,《民法典》第 119 条规定:"依法成立的合同,对当事人具有法律约束力。"第 577 条规定:"当事人一方不履行合同义务或者履行合同义务不符合约定的,应当承担继续履行、采取补救措施或者赔偿损失等违约责任。"

第三,三要素分处不同法典的不同条文之中。例如,《民法典》第 1042 条第 2 款规定:"禁止重婚。禁止有配偶者与他人同居。"《刑法》第 258 条规定:"有配偶而重婚的,或者明知他人有配偶而与之结婚的,处二年以下有期徒刑或者拘役。"

第四,一个法律条文表述多条法律规则。例如,《治安管理处罚法》第25条规定:"有下列行为之一的,处五日以上十日以下拘留,可以并处五百元以下罚款;情节较轻的,处五日以下拘留或者五百元以下罚款:(一)散布谣言,谎报险情、疫情、警情或者以其他方法故意扰乱公共秩序的;(二)投放虚假的爆炸性、毒害性、放射性、腐蚀性物质或者传染病病原体等危险物质扰乱公共秩序的;(三)扬言实施放火、爆炸、投放危险物质扰乱公共秩序的。"

## 四、法律规则的分类

(一)授权性规则、义务性规则和复合性规则

根据法律规则内容及其确定性的不同,法律规则可以分为授权性规则、义务性规则和复合性规则。法律规则的内容即权利、义务、权力、职责。此种分类的考虑在于明确行为主体是否有资格去为或不为一定的行为,重点在于明确行为主体在权利义务方面的配置状况。

1. 授权性规则

是指授予人们以特定权利的规则。根据此规则,人们可以作为、不作为或要求别人作为、不作为。授权性规则强调的是,在给定的范围内赋予行为人选择特定行为模式的权利。它所针对的是行为,但它的核心内涵和表现形式是授权。

授权性规则分为赋予实体权利的规则和赋予救济权利的规则。前者如《民法典》第135条规定:"民事法律行为可以采用书面形式、口头形式或者其他形式;法律、行政法规规定或者当事人约定采用特定形式的,应当采用特定形式。"在此意义上,授权性规则不同于下文的任意性规则,任意性规则针对的是行为人自行确定权利、义务与责任,允许行为人自行设立约束当事人行为的规则。后者如《民法典》第410条第1款规定:"债务人不履行到期债务或者发生当事人约定的实现抵押权的情形,抵押权人可以与抵押人协

议以抵押财产折价或者以拍卖、变卖该抵押财产所得的价款优先受偿。协议损害其他债权人利益的,其他债权人可以请求人民法院撤销该协议。"

2. 义务性规则

是指直接要求人们作为或不作为的规则。义务性规则的核心内涵是设定义务,它排除了行为人对行为模式的选择权,要求行为人只能按照法律规则的规定来作为或不作为。

义务性规则包括命令性规则和禁止性规则两种。前者是规定行为主体必须或应当作出某种行为的规则,也就是规定积极义务的规则。命令性规则一般使用"应当""必须"等表述。如《民法典》第53条第2款规定:"利害关系人隐瞒真实情况,致使他人被宣告死亡而取得其财产的,除应当返还财产外,还应当对由此造成的损失承担赔偿责任。"禁止性规则是规定人们不得为一定行为的规则,也就是规定消极义务的规则。禁止性规则一般使用"禁止""不得""严禁"等表述。当然,禁止性规则未必完全通过禁止性文字来表述,也可以通过规定消极性法律后果来呈现。如《刑法》第232条规定:"故意杀人的,处死刑、无期徒刑或者十年以上有期徒刑;情节较轻的,处三年以上十年以下有期徒刑。"

3. 复合性规则

又称"权利义务复合性规则"或"权义复合性规则",是指兼具授予权利、设定义务两种功能的法律规则。这种规则的特点在于,在给定的条件下授予行为人权利去作为或不作为、要求他人作为或不作为,其他人不能干涉。同时,这种权利有时又是不能放弃的。如关于国家机关履行职权的规则,授予国家机关作出特定行为的职权,同时明确其履职行为也是一种义务,要依法履行职责。在自然人层面,关于监护权、受教育权等规则,也属于权义复合性规则。

(二)强制性规则和任意性规则

根据法律规则的约束力程度,法律规则分为强制性规则和任意性规则。此种分类的着眼点在于是否允许当事人以自己的意志排除法律规则的适用。

1. 强制性规则

是指法律规则对行为模式及其法律后果的规定绝对确定,不允许当事人对其加以变更或排除该规则的适用。宪法、刑法、行政法等公法规则一般都属于强制性规则,如《治安管理处罚法》第48条规定:"冒领、隐匿、毁弃、私自开拆或者非法检查他人邮件的,处五日以下拘留或者五百元以下罚款。"当然,民法、商法等私法规则中也有强制性规则,如《民法典》第222条规定:"当事人提供虚假材料申请登记,造成他人损害的,应当承担赔偿责任。因登记错误,造成他人损害的,登记机构应当承担赔偿责任。登记机构赔偿后,可以向造成登记错误的人追偿。"强制性规则的要旨在于,行为人负有某项作为或不作为义务,如若违反,依法律规则,须被强制实施或制裁。

2. 任意性规则

是指法律规则对权利、义务的规定相对确定,并允许当事人对其加以变更或排除该规则的适用。如《民法典》第387条第1款规定:"债权人在借贷、买卖等民事活动中,为保障实现其债权,需要担保的,可以依照本法和其他法律的规定设立担保物权。"任意性规则的要旨在于承认当事人对自身利益的判断和决定,尊重当事人的自由意志,从而最大程度上实现诸如提高效率与效益、节省成本、实现共赢等目的。与授权性规则的侧重点不同,任意性规则侧重的是当事人可以排除适用该规则,而授权性规则的侧重点在于法律规则赋予当事人相应的权利。在这个授权范围内,当事人可以作为,也可以不作为;可以此方式作为,也可以彼方式作为。就行为的规范基础而言,基于授权性规则的行为,判定其法律效果的依据是该规则;基于任意性规则的行为,判定其法律效果主要看当事人对规则的约定。

因为涉及权利和义务的确定,所以在实践中识别强制性规则和任意性规则非常重要。一般来说,法律规则中有"禁止""应当"字样的,基本上属于强制性规则。但也有例外,比如通过但书条款作相反规定的规则就属于典型的任意性规则。如《民法典》第369条规定:"居住权不得转让、继承。设立居住权的住宅不得出租,但是当事人另有约定的除外。"《民法典》第43条第3款规定:"财产代管人因故意或者重大过失造成失踪人财产损失的,应当承担赔偿责任。"这里的"应当"也不具有规范上的强制力,可以基于当事人的合意排除该规则的适用,这是民法私法自治原则的要求。另外,强制性规则也并非都通过"必须""应当"等表述形式规定,如《民法典》第1055条规定:"夫妻在婚姻家庭中地位平等。"对本条内容,当事人不能通过任何方式加以限制。

(三)行为规则和裁判规则

根据法律规则适用主体的不同,法律规则分为行为规则和裁判规则。行为规则以行为人为适用对象,裁判规则是拘束裁判者的法律规则。此种分类的着眼点表面上在于规则拘束对象不同,实则在于当待决案件诉至裁判者时,根据不同国家的法律规定或司法传统,裁判者可以依据裁判规则对行为规则是否整体或部分适用作出判断,比如行为为有罪,但是否当罚。

1. 行为规则

是指针对一般行为主体设定权利义务的法律规则。行为规则通过对特定类型的人、事、时、地等方面规定,为人们的行为提供规则基础。

2. 裁判规则

是指针对裁判者设定的规范裁判行为的法律规则。裁判规则的价值在于为裁判者提供了具有法律约束力的依据。

就行为规则与裁判规则之间的关系,一般来说,行为规则兼具裁判规则的效力,裁判者判断当事人之间的法律关系,自然应以当事人的行为规则为基础。黄茂荣教授指出,行为规则"首先系对行为者而发,然后为贯彻其规范系争行为之意旨,才又进一步要求裁判者依据系争行为规范而为裁判,从而使这些行为规范兼具裁判规范之形式"[①]。但反过来,裁判规则未必是行为规则:若系争行为对应的法律规则确定且确当,则裁判规则与行为规则同一;若依裁判者职权或法治原则,裁判者否弃行为规则作为依据,此时裁判规则便不属于行为规则。本章第三节所引的"里格斯诉帕尔默"一案,法官依职权排除了继承法的适用,此时其职权依据便属于裁判规则。

---

[①] 黄茂荣:《法学方法与现代民法》,中国政法大学出版社2001年版,第111页。

### (四) 确定性规则、委任性规则和准用性规则

根据法律规则的适用形式,法律规则分为确定性规则、委任性规则和准用性规则。此种划分的着眼点在于考察行为与法律规范的相关性,从而对规范适用作出不同的要求。

1. 确定性规则

是指明确地规定了法律规则的全部内容,能够直接适用于特定事实状态的法律规则。确定性规则是法律规则中最常见的规则形式。

2. 委任性规则

是指法律规则没有对给定类型的事实状态作出具体规定,而是委任、授权相关机关对该项行为或事实作出规定。例如,《中华人民共和国审计法》第59条第1款规定:"中国人民解放军和中国人民武装警察部队审计工作的规定,由中央军事委员会根据本法制定。"

3. 准用性规则

是指法律没有明确规定具体的内容,但指出可以援引其他法律规则明确给定的行为或事实的法律效果。例如,《中华人民共和国商业银行法》第17条第1款规定:"商业银行的组织形式、组织机构适用《中华人民共和国公司法》的规定。"

关于确定性规则、委任性规则和准用性规则的分类,在目前通行的法理学教科书中多作如上阐释。本书认为,法律规则系对事实状况赋予明确法律效果的权威性规定,就此而言,上述分类不具有太大的意义。其中,委任性规则、准用性规则的规则归属是否准确甚至都是存有疑问的——与其说这两类规则对给定事实进行了法律效果的确认,毋宁说它们实际上更近似于法源检索方法。

## 第三节 法律原则

### 一、概念与特点

作为法律的基本要素,"法律原则"(legal principles)是指能够作为众多法律规则之基础或本源的综合性、稳定性的原理和准则。

法律原则的特点在于,它不预先设定任何事实状态与特定法律效果之间的逻辑关系,不针对特定类型的事件或行为规定特定权利、义务或责任的产生、变更或消灭,它的内容相对模糊。与法律规则相比,法律原则表现出如下特点:①

第一,规范性质不同。法律规则是一种相对确定性的法律规范,针对给定类型事项规定了对应的法律效果;法律原则是一种不确定性的法律规范,是一种相对优化的方案和方案论证,具有较强的稳定性和连续性特点。在内容关联上,正如哈特所说,"许多被当做个别存在的规则可以被视为同一个原则的体现或例证"②。在法律效果的规定上,法律原则是法律规则的基础性准则,提供了一种论证理由或指向。

第二,规范功能不同。法律规则是针对事实状态的一般性规定,明确了当事人的权利义务,具有非此即彼的判定功能;法律原则构成法律规则以及法律适用的论证理由。

第三,适用方式不同。法律规则遵循"全有或全无"(all-or-nothing)的模式,对待决事项而言,相关法律规则能否适用,完全取决于其在条件假设和行为模式方面是否符合该法律规则的规定。在司法实践中,法律规则的适用具有相对甚至绝对优先性。法律原则的内容相对模糊,所覆盖的事实状

---

① 关于法律原则与法律规则,雷磊教授指出两者在性质、适用方式、适用范围的确定方式、初始性特征、竞合解决方式等方面存在不同。参见雷磊:《法理学》,中国政法大学出版社2019年版,第44—47页。

② 〔英〕H. L. A. 哈特:《法律的概念(第二版)》,许家馨、李冠宜译,法律出版社2006年版,第241页。

态较为宽泛，因而适用范围更广，具有"非决断性"的特点。法律原则的适用需遵循"穷尽规则"的原则，即有法律规则适用法律规则，无法律规则才考虑适用法律原则，并应遵循"优势法则"——多个可能的法律原则之适用并不是非此即彼的，而是要进行位阶排序或策略优选。

**示例 6-3**

### 里格斯诉帕尔默案

帕尔默是其祖父所立遗嘱指定的财产继承人。但是，他害怕这位新近再婚的老人更改遗嘱而使他一无所获。1882年，他用毒药杀害了祖父，却仍主张继承权以获得祖父留下的遗产，遭到他的姑姑里格斯的反对，双方诉至法院。就帕尔默是否享有继承权，纽约州的法官发生分歧。

帕尔默及其律师提出，按纽约州继承法，合法遗嘱所指定的帕尔默是合法的继承人，他并没有任何违反继承法的情形。既然这份遗嘱在法律上是有效的，既然帕尔默被一份有效遗嘱指定为继承人，那么他就应当享有继承遗产的合法权利。如果法院剥夺帕尔默的继承权，那么法院就是在更改法律；如果帕尔默因杀死被继承人而丧失继承权，那就是对其在判处监禁之外又加上一种额外的惩罚。这些都有违罪刑法定原则。而对某一罪行的惩罚，必须由立法机构事先作出规定，法官不能在判决中对该罪行另加处罚。帕尔默一方的观点得到部分法官的认同。

但是，也有法官指出，法的真实含义不仅限于规则文本，还取决于载于法律文本中的立法者意图。就本案所涉及的继承法，立法者的真实意图显然不是让杀人犯去继承遗产。理解法律的真实含义不能仅以孤立的法律文本为依据，对法律目的的追求，要求法官去寻找与普遍渗透于法律之中的正义原则最为接近的含义。

在本示例中，部分法官要根据纽约州的法律对帕尔默的行为进行裁判。而法官之间的分歧表明，对于规则缺失（包括法律规则本身的缺失，以及法律规则所承载的立法目的确定性或准确性的缺失）的案件，可能有多个相互冲突的解决方案。在诉诸法律规则不能的情况下，法律原则的作用便得以显现。

## 二、法律原则的适用

法律原则是法律的存在形态，它能够对人的行为和社会关系产生规范作用和社会作用。在司法实践中，基于法的明确性的要求，法律适用中援引的法源一般是法律规则，因为法律规则在权利义务方面提供了明确的指引，而法律原则是法律中价值原理、准则的表达。根据前述法律原则的特点，法律原则的适用一般需要遵循和符合"穷尽规则"这一基本要求。具体而言，法律原则的适用需遵循如下步骤：

首先，判定存在法律规则不能的情形。具体表现为，缺乏对应的法律规则，或者存在冲突的法律规则，或虽未出现规则冲突但适用某规则显然会引发与立法目的严重抵触的后果。

其次，寻找与待决事项最接近的法律原则。其操作方法为比附与待决事项最接近的法律规则，分析该一项规则或几项规则所体现的法律原理、精神，并据其溯源至相应的法律原则。需要注意的是，适用法律原则时，要进行价值优先衡量。在前述里格斯诉帕尔默一案中，如果遵循"任何人不得从自己的过错行为中获利"的原则，则应剥夺帕尔默继承权；如果信奉法的安定性原则，则会得出相反的结论。

最后，论证法律原则适用于待决事项具有法律上的充分必要关系。

### 示例 6-4

**张某某诉蒋某某遗赠纠纷案**

【案情】 蒋某某与黄某某于1963年登记结婚，双方未生育。1996年，黄某某与张某某租房公开以夫妻关系同居生活。后黄某某因患肝癌住院，在此期间黄某某立下书面遗嘱，将其所得的住房公积金、住房补贴金、抚恤金和出售夫妻共同房产的一半价款4万元及所用的手机一部赠与张某某。泸州市纳溪区公证处对该遗嘱出具了公证书。黄某某去世后，张某某持遗嘱要求蒋某某交付遗赠财产,双方发生纠纷。张某某向法院提起诉讼,请求法院判令被告履行遗嘱。一审法院驳回原告张某某的诉讼请求。张某某不服提起上诉。二审法院驳回上诉,维持原判。

【裁判】 泸州市纳溪区人民法院审理认为:黄某某所立的将财产赠与原告的遗嘱,虽是其真实意思表示且形式合法,但其对财产的处分违反了继承法和婚姻法的有关规定。根据《中华人民共和国民法通则》第7条的规定,民事行为不得违反公共秩序和社会公德,违反者其行为无效。根据《中华人民共和国婚姻法》第3条禁止有配偶者与他人同居,第4条夫妻应当互相忠实、互相尊重的法律规定,遗赠人黄某某基于与原告张某某的非法同居关系而立下有悖于公共秩序、社会公德和违反法律的遗嘱,损害了被告蒋某某依法享有的财产继承权。该遗嘱属无效民事行为,原告张某某要求被告蒋某某给付受遗赠财产的主张不予支持。被告蒋某某要求确认该遗嘱无效的理由成立,予以支持。依据《中华人民共和国民法通则》第7条的规定,该院判决:驳回张某某的诉讼请求。①

张某某不服一审判决,向泸州市中级人民法院提起上诉。称:(1)黄某某所立遗嘱是其真实意思表示,且符合继承法规定,属有效遗嘱。(2)遗嘱中涉及"抚恤金"和夫妻共有的"住房补贴金""住房公积金",根据《继承法》第27条第4项的规定,也只能将该部分认定无效,并将无效部分所涉及的财产按法定继承处理,遗嘱中所处分的个人财产应属有效遗嘱,依法应得到保护。(3)本案属于遗嘱继承案件,应适用继承法。请求二审法院依法撤销一审判决,改判上诉人的受遗赠权受法律保护。

被上诉人蒋某某答辩称:上诉人是基于与遗赠人长期非法同居关系,以侵犯被上诉人的婚姻家庭、财产等合法权益而获取非法遗赠。因此,对上诉人的所谓受遗赠权不予保护,既合法,也符合社会公理。请求二审法院判决驳回上诉,维持原判。

二审法院审理认为:遗赠人黄某某的遗赠行为虽系其真实意思表示,但

---

① 四川省泸州市纳溪区人民法院(2001)纳溪民初字第561号民事判决书。

其内容和目的违反了法律规定和公序良俗,损害了社会公德,破坏了公共秩序,应属无效民事行为。上诉人张某某要求被上诉人蒋某某给付受遗赠财产的主张,不予支持,被上诉人蒋某某要求确认该遗嘱无效的理由成立,予以支持,判决:驳回上诉,维持原判。①

### 三、法律原则的分类

1. 基本原则和具体原则

按照作用范围的不同,法律原则分为基本原则和具体原则。基本原则集中体现了一个国家法律规范和法律体系的基本精神和准则,在位阶上比其他原则更为基础和重要,在调整范围和基本功能上也较其他原则更广,如法律面前人人平等原则、合宪性原则等。具体原则是在基本原则的指导下适用于某一个特定法律部门和法律制度中的法律原则,如立法法中的科学立法原则、民主立法原则,民法中的公序良俗原则、诚实信用原则,等等。当然,基本原则与具体原则的分类并不是绝对的,比如罪责刑相适应原则,就整个法律体系而言,这是一项具体原则,但在刑法领域,它是定罪量刑的基本原则。

2. 公理性原则与政策性原则

按照产生基础的不同,法律原则分为公理性原则与政策性原则。公理性原则是从普遍性的社会关系中产生的,得到社会长期、广泛认可从而被提升为法律原则的基本原理和准则,如民法中的诚实信用原则即来自长时间社会发展中所形成的观念性共识。政策性原则是基于国家在管理社会事务中为实现特定目标而设定的特定原则,如《中华人民共和国人口与计划生育法》中的"计划生育"、《中华人民共和国乡村振兴促进法》中的"人与自然和谐共生"等就是政策性原则。

3. 实体性原则与程序性原则

按照内容的不同,法律原则分为实体性原则与程序性原则。实体性原

---

① 泸州市中级人民法院(2001)泸民终字第621号民事判决书。

则涉及法律上的实体性权利义务的关系,如"物权法定原则"。程序性原则是关于法律活动程序的原理和准则,如美国诉讼法上的"米兰达法则"等。

### 四、法律原则的功能

法律原则的功能主要表现在法律制定和法律实施两个方面,在每个方面又体现为不同的具体功能。

（一）在法律制定方面,法律原则具有如下三项功能

第一,法律原则直接决定了法律制度的基本性质、基本内容和基本价值倾向。作为特定时代法律精神的集中体现,以及作为特定人群是非善恶观念的集中表达,法律原则构成整个法律制度的价值基础,体现了立法者对法制与社会发展的基本认识和理想设计,表现了人们对利益格局和纠纷处理的基本取向。

第二,法律原则是法律制度内部协调统一的重要保障。现代社会的法律体系由大量的法律规则和法律部门构成,这些规则和部门所涉及的事实状态纷繁复杂。由于现代立法的专业性分工,不同的法律规则和法律部门在立法目的、法律性质、调整方式和效力层级等方面各有不同,因此可能出现内容矛盾、效力冲突等情形。而作为法律的本源性、综合性的原则和准则,法律原则是消弭相关利益冲突的基本标准,也是维护法律制度统一的重要保障。

第三,法律原则对法治创新具有导向作用。法治创新是基于前人没有遇见过的法律问题所进行的原创性制度革新。它不同于"古为今用"的法律继承,也不同于"洋为中用"的法律移植;它既不是平缓的"温故知新",也不同于剧烈的"除旧布新"。它是法律发展中新陈代谢的一个全新模式和途径,面对的是全新的问题,即全新的行为模式、利益诉求和价值取向。作为法律的基本精神和原理,法律原则能够为法治创新提供共识性准则。

（二）在法律实施方面,法律原则具有如下三项功能

第一,指导法律解释和法律推理。法律解释和法律推理是法律实施过程中的重要环节,是使抽象的法律规则及于具体事实的媒介。在由抽象到

具体的过程中,法律原则是防止规则滥用,促进法律目的得以真正实现以及法律价值得以真正表达的基本保证。

第二,弥补法律漏洞,强化法律调控能力。基于法律的规范性特征,法律规则表现出高度的抽象性和概括性,难免"挂一漏万"。同时,基于法的确定性,法律不能频繁改动,而现代社会发展日新月异,法律规则难免"朝不保夕"。在缺乏明确规定、出现法律漏洞的时候,法律原则就成为一个弥补法律空白的有效手段。

第三,规范自由裁量权的行使。历史经验表明,无论多么完备的法典都不可能做到事无巨细地全面覆盖,无论如何完备的法律规则都无法达到数理逻辑般的精密和准确。法律实施更不可能像自动售货机那样生产法律产品,因此在法律给定的可选择的范围内,执法官员和法官拥有自由裁量权,而法律原则能够保证自由裁量权的行使符合立法目的。法律原则对自由裁量权的规范,主要通过法律原则所体现的立法精神、立法目的以及法律原则有助于明确相关规范含义等来实现。

## 第四节 法律概念

### 一、释义

法律具有规范性和普遍性的特征,不针对具体的一人、一事、一物进行专门规定,它采取概括性的方式提供判断标准,因而具有规范性调整的能力。法律具有的这种能力首先是通过创制和使用法律概念来实现的。法律通过语言概括的方式,对法律上的主体、客体、权利义务以及行为等进行高度抽象和一般性概括。

法律概念是指在法律上对各种事实进行概括,抽象出它们的共同特征而形成的权威性范畴。例如,《中华人民共和国食品安全法》第150条第1项规定:"食品,指各种供人食用或者饮用的成品和原料以及按照传统既是食品又是中药材的物品,但是不包括以治疗为目的的物品。"

法律概念是有法律意义的概念,是对各种有关法律的事物、状态、行为进行概括而形成的法律术语,是认识法律与表达法律的认识之网上的纽结。法律概念与日常生活用语中的概念不同,它通常具有明确的意义所指和应用范围。这里需要说明的是,一个法律概念的创制和使用,并不要求穷尽该概念所指对象的全部特征,其基本要求是,基于特定的规范目的的考虑,对表征法律意义所需要的元素给予体现,并能够依此概念还原该概念所指称的事物。比如,《中华人民共和国产品质量法》中关于"产品"含义的规定为,"产品是指经过加工、制作,用于销售的产品"。在实践中,对特定概念会有不同的界定和解释。比如,《民法典》中关于"子女"的界定,就出现婚生子女、非婚生子女、养子女、继子女、成年子女、未成年子女,等等,需要在规范语境和实践语境中加以限缩或扩大解释确定。在学理上,有学者主张依据立法者的意思加以确定(埃利希),有学者主张根据法律适用的实践语境来确认(拉伦茨)。

## 二、功能

作为法的要素,法律概念是用以描述、承载和表达特定意义的权威性范畴,是表达权利与义务内容、表现行为与关系性质的工具。概念的作用在于对特定事实含义的确认,对细节元素的储藏,以及对基本价值的共识。具体而言,法律概念具有三大功能:

第一,表达功能。法律概念以及概念间的连接使用能够定型和表达法律的目的、价值。法律概念的创制和使用的重要功能在于,对其所描述和表达的事实和价值给予确定,减轻思维负担,节省交流成本,提高沟通效率。

第二,认识功能。法律概念使人们得以认识和理解法律。不借助法律概念,人们便无法认识法律的内容,难以进行法律交流,更无法在此基础上进行法律实践活动。

第三,改进法律、提高法律科学化程度的功能。丰富的、明确的法律概念可以提高法律的明确性和专业性程度,使法律成为专门的工具,使法律工作成为独立的职业。从表面上看,法律概念似乎不如法律规则、法律原则重要,其实不然。由于法律概念的不同,同一法律规则可能表达不同的含义,表面上不同的法律规则、法律原则,其含义却可能是相同的。另外,一个法律概念的外延的改变也常常会改变法律规则、法律原则本身。

基于概念形成的上述方法或要求,法律概念也存在一些副作用,比如过度抽象化导致概念内涵不确定(比如"显著轻微"),专注特定价值导致目的偏离(比如"平等")等。

### 三、分类

按确定性程度不同,可以将法律概念分为确定性法律概念和不确定性法律概念。确定性法律概念通常是指有明确的法律含义的概念,这些概念的解释不允许自由裁量,只能依法进行专门解释。不确定性法律概念是指没有明确的法律含义,在运用时需要法官或执法者运用自由裁量权解释的概念。同一个法律概念经特定程序可以由不确定性法律概念转化为确定性法律概念。例如,《刑法》第93条规定:"本法所称国家工作人员,是指国家机关中从事公务的人员。国有公司、企业、事业单位、人民团体中从事公务的人员和国家机关、国有公司、企业、事业单位委派到非国有公司、企业、事业单位、社会团体从事公务的人员,以及其他依照法律从事公务的人员,以国家工作人员论。"

按涵盖面大小,可以将法律概念分为一般法律概念和部门法律概念。一般法律概念是指适用于整个法律领域的法律概念,部门法律概念是指仅适用于某一法律领域的法律概念,后者的涵盖面远窄于前者,如民法概念、宪法概念等部门法律概念。

根据涉及内容的不同,可以把法律概念分为如下种类:

第一,主体类概念。用以表达各种法律关系主体的概念,如公民、法人、原告、国家机关、犯罪嫌疑人、证人等。法律关系的主体为人(自然人和拟制人),所以主体类概念又称"涉人概念"。

第二,客体类概念。用以表达各种权利义务所指向的对象的概念,如不动产、孳息、支票、主物等。法律关系的客体表现为有形或无形的物,所以客体类概念有时也称为"涉物概念"。

第三,关系类概念。用以表达法律关系主体间的权利义务关系的概念,如所有权、抵押权、赔偿责任、交付义务等。

第四,事实类概念。用以表达各种事件和行为及其状态的概念,如失踪、死亡、违约、犯罪预备、正当防卫等。

第五,其他概念。是指无法包容在以上四类的法律概念,如正当程序、诉讼时效、附则、一般条款等。

# 第七章
Chapter 7

# 法律体系

  法律无法通过一个条文或一部法典实现其全部调整功能,所以一个国家会有数量繁多的法律规范和法典。分立的不同类型法律规范(法源)并不是混杂而凌乱的,基于特定的标准,它们具有明确的部门归属、领域归属,并形成一个自上而下的效力等级层次。调整同一类事项(人的行为和社会关系)的法律规则和法律原则形式化为一部或多部法典(如《民法典》),因调整事项的相关性,法典与相关法典组成更宽泛的一个法律部门或领域(如《行政处罚法》与《行政许可法》《行政复议法》等组成行政法部门,《教育法》《高等教育法》《义务教育法》《职业教育法》等组成教育法领域),这些法律部门或领域汇总构成法律的整体系统——法律体系。

  法律体系是一个有关法律的宏观构成。一国的法律系统,由最微观的法律规范,到中观的法律部门(以及法律领域),再到宏观的法律体系组成。法律规范→法律部门→法律体系,构成我们认识法律的三个层级。在法律体系之内,通过体系坐标能够确定有待明确的法律规范的含义和目的,以及清晰地认识法律规范(法源)之间的效力层级,从而有助于我们更准确地理解和适用法律。

法/理/学/本/体/论/讲/义

# 第一节 法律部门

## 一、概念与特征

法律部门,又称"部门法",是指根据一定的标准和原则,按照法律规范自身的性质,以及调整人的行为和社会关系的不同领域和不同方法,对一国全部现行法律规范进行划分所形成的同类法律规范的总和。

从组成结构上看,法律部门是法律体系的组成单位。法律部门是联结法律规范与法律体系的中间性范畴,特定类型的法律规范的集合构成特定的法律部门,全部的法律部门构成一个国家的法律体系。

法律部门的特征如下:

第一,法律部门具有相对的独立性。法律部门是按照一定的标准和原则划分的,这些标准和原则体现了法律规范和法律部门区别于其他法律规范和部门的稳定性、差异性的性质和功能。同时,这种稳定和独立又是相对的,根据法律规范的变化以及法律实践需要,法律规范可能被归入其他法律部门。

第二,法律部门具有内在的协调性。法律部门是同类法律规范的集合,在规范属性、调整对象、调整方法等方面具有高度的亲缘性,法律规范之间构成彼此衔接、有机联系的规范群。

第三,法律部门具有内部的层次性。如果把法律体系比作一棵大树,法律部门就是大树的主干,而每个主干上还有若干的支干,这些支干便是法律部门下的各个子法律部门,如民商法部门下有婚姻法、合同法、物权法、公司法、证券法等,这些子法律部门的法律规范可能集中于一部或几部法律文本中,也可能散见于多部规范性法律文件中。

## 二、划分原则

法律部门是对法律规范进行类型化的重要概念,为准确适用法律提供了框架和基础。科学、合理划分法律部门，有助于法律的有效运行。基于法律部门的独立性、稳定性、层次性等属性和特征，划分法律部门要遵循以下原则：

第一，整体性原则，要求法律部门的划分必须囊括一国全部现行法律；

第二，均衡性原则，要求划分法律部门时适当考虑各个部门法之间的规模均衡，避免法律部门格局的畸重畸轻；

第三，开放性原则，要求法律部门的划分以现行法律为主，兼顾即将制定的法律，做到法律的稳定与发展相适应。

### 三、划分标准

法律是调整人的行为和社会关系的规范。基于人的行为和社会关系的不同，法律规范在规则设计、价值取向和调整方法上也会存在不同。根据学界通说，法律部门的划分标准有二：一是法律调整的对象，即不同类型的人的行为和社会关系；二是法律的调整方法。

第一，基于法律调整对象的划分标准。从外在方面或形式特征上看，法律是调整人的行为和社会关系的规范。从内在实质或本质属性看，法律是调整利益的手段。根据利益表现属性的不同，法律上的人的行为和社会关系承载着不同类型的利益，这些利益分处经济、政治、社会等领域，对应地体现在宪法、民法、行政法、刑法、诉讼法等法律部门的规范之中，形成法律上的管理、保障、买卖或人身、财产等类型的行为和关系。基于这些对象的不同，法律规范分别归属于相应的法律部门之中。调整对象是用来划分法律部门的主要标准。

第二，基于法律调整方法的划分标准。以调整对象作为划分标准还不够，因为某个法律部门可能同时涵盖政治、经济、文化等多个领域，如刑法。同时，同类的法律关系也可能分处不同的法律部门，如侵犯人身权利的行为可能分处刑法、行政法和民法等不同的法律部门。因此，有必要以调整方法为辅助标准，使法律部门的划分更加科学合理。

法律的调整方法是法律对人的行为和社会关系发挥规范作用和社会作

用时所使用的方式和手段。如前所述,法律是通过作用于人的(外在)行为从而对社会关系产生影响的,所以法律的调整方法主要体现在法律对人的外在行为或显现于外的行为的影响。而法律对行为(包括作为和不作为)的调整,是通过权利、义务、权力、职责的配置来实现的。这种调整通过激励行为主体自觉行为、强迫行为主体被动行为、引导行为主体协商行为等形式实现,对应地形成自行性调解、强行性干预和利益性平衡的调整方法。这三种调整方法对应公法、私法和社会法的分类。这种分类是介乎于法律部门与法律体系之间的分类,是基于同一类调整方法而对不同法律部门的二次分类。

  公法(public law)、私法(private law)的区分由来已久。在古罗马社会中,公共生活和私人生活被严格加以区分,同一名罗马公民在这两种生活中可能扮演着不同身份的角色,享有不同的权能。要实现这种公共生活与私人生活的分离,客观上需要建立两种彼此相区分的制度。在罗马法形成时期,罗马人已具有相当强烈的"公私相分"观念。[①] 公法和私法划分的标准或理论基础大体分为利益说、隶属说和主体说等。[②] 首次明确将罗马法划分为公法和私法的是乌尔比安。乌尔比安持利益说立场,认为"公法是关于罗马帝国的规定,私法则是关于个人利益的规定"[③]。优士丁尼的《法学阶梯》指出,"法律学习分为两部分,即公法与私法。公法涉及罗马帝国的政体,私法则涉及个人利益"[④]。隶属说又称"主体地位说",认为公法是指规范具有隶属关系的主体之间、一方为国家意志代表的各类事物的法律的总称;对应地,规范平等主体之间行为和关系的法律为私法。主体说认为,一方当事人为公权力者,即形成公法关系。主体说的最新版本认为,当公权力者以公权力担当人的面目出现时,形成公法关系,否则即为私法关系。

---

[①] 参见叶秋华、洪荞:《论公法与私法划分理论的历史发展》,载《辽宁大学学报(哲学社会科学版)》2008年第1期。
[②] 参见朱庆育:《民法总论(第二版)》,北京大学出版社2016年版,第8—9页。
[③] 转引自江平、米健:《罗马法基础》,中国政法大学出版社1991年版,第9页。
[④] 转引自〔美〕艾伦·沃森:《民法法系的演变及形成》,李静冰、姚新华译,中国政法大学出版社1992年版,第206页。

随着社会的发展,公共权力与私人领域交错的范围越发扩大,源于对传统个人利益和国家利益非此即彼归结的反思,作为第三法域的社会法成为公法、私法之外第三种类型的法。在利益取向方面,社会法立足于社会本位,是对传统个人本位和国家本位的补充;在法律规范取向方面,社会法表现为法律的社会化;在主体地位方面,社会法突出集体合意,在确定一般规则的基础上,设置特别群体的保护规则。社会法在承认个人主义的基础上反思个人主义,强调保障社会公共利益和社会公平,以实现其在谋求社会福祉的基础上促进经济与社会的良性运行和协调发展的目标,如反垄断法、不正当竞争法、社会保障法、劳动法、环境法等。一般意义上,公法的调整方法是强行性干预,私法的调整方法是自行性调解,而社会法的方法是政策性平衡。在宽泛意义上,社会法常常被理解为反映社会政策目标的法。

## 第二节 法律领域

### 一、概念与特征

法律部门的划分方式,不仅在立法和法律实施环节具有重要意义,在法学教育和法学研究方面也有着深刻的影响力,影响着专业和学科设置,以及法律人的知识结构和思维方式。例如,与宪法、民法、行政法、刑法、诉讼法等法律部门相对应,高校法学教育单位设置了宪法学、民法学、行政法学、刑法学、诉讼法学等课程和学科,在法律人才培养方面形成基于法律部门和部门法学的课程和方向设置,为培养类型化、专业化的法律人才发挥了重要作用。

同时,随着经济与社会发展复杂性程度的增加,不同系统、不同领域之间不同元素的叠加和融合趋势日益明显。比如,财产法领域的问题经常横跨侵权法、刑法、行政法等法律部门,海洋法领域的问题往往需要打通行政法、国际法、民商法等法律部门的界限。基于同类属性或内容的调整对象,可以把不同的法律规范归入财产法、人权法、军事法、海洋法、交通法、治安法、教育法、数据法、诉讼法等法律领域。立法和法律实践已经无法完全限定于某个法律部门,这对传统的法律部门划分模式和法学教育模式提出了新的要求,因此有必要基于实践导向和问题导向区分法律领域,开展领域法学教育和研究,如治理法学、海洋法学、军事法学、数字法学等。

所谓法律领域,又称"领域法",是指基于法律所调整对象的同质性和相关性,对同一类调整对象以及与此类调整对象具有关联性的法律规范进行划分而形成的某一领域的法律规范的总和。法律领域的特征表现为:

第一,作为一个法律规范群,法律领域的调整对象具有高度的同质性和相关性。比如,在财产法领域,既有强调强制性调整方法的刑法和行政法,也有注重私人合意调整的民法。

第二,法律领域的调整事项和法律关系的性质具有多元性和交叉性。国家、社会、集体和个人的权利义务、职权责任交织在一起,具体利益的分辨需要在公法、私法的多个层面进行,这区别于传统的以调整方法为标准划分的法律规范群。

## 二、划分标准

与法律部门相似,作为一个问题导向的法律规范群,法律领域同样是法律规范的组合,是法律体系的组成部分,并遵循法律规范→法律领域→法律体系的组成结构。与法律部门不同之处在于,法律领域超越了传统的以调整方法为主、辅以调整对象的分类模式,突出调整对象的实质内容及其所具有的复杂性或多元性特征。

法律领域或领域法的划分标准为:

第一,以相同领域的利益或权利为基础形成法律规范群。作为一个法律规范群,法律领域或领域法以实践问题为导向,以具体领域的问题为线索,是具有相同和相关利益内容的法律规范的集合。

第二,对于相同领域之内的事项,作为同一法律规范群之组成部分的法律规范之间在调整对象方面具有较为稳定的关联性,有机地形成整体性调整机制。

## 第三节 法律体系

### 一、概念与特征

法律体系,又称"法的体系"或"法体系",是指由一国现行的全部法律规范按照不同的法律部门或法律领域分类组合而形成的一个呈体系化的有机联系的统一整体。法律体系具有如下特征:

第一,法律体系是一个国家全部现行法律构成的整体。法律体系只包括一国的国内法,不包括国际法,也不包括废止的和即将生效的法律。

第二,法律体系是一个由法律部门和法律领域分类组合而形成的呈体系化的有机整体。其中,法律部门是法律体系的结构性要素,依据特定的调整对象和调整方法进行划分,保证了法律体系是一个体系化、类型化的有机整体。

第三,法律体系的理想化要求法律门类齐全、结构严密、内在协调。门类齐全意味着基本的法律部分都应该具备;结构严密要求在法律部门内部要形成齐备的基本法律、法律及配套性法则和细则;内在协调要求法律体系内一切法律规范、法律部门、法律领域都要与根本法保持协调一致,各个法律部门、法律领域之间很好地内在衔接。

第四,法律体系是客观法则和主观属性的有机统一。这要求正确处理经济、政治、文化和社会发展之间的关系,发挥立法和法律体系构建中的主观能动性。

### 二、相关概念的关系

(1)法制体系。法律体系是一个静态的规范体系,描述的是一国现行的所有有效规范的静态结构组成。法制体系是一个动态的规范运行体系,描述的是一国法律体系由静态向动态转化的实践过程。因此,就国家制定法的意义而言,法律体系是一个文本体系,而法制体系是文本的一个实践体系。换言之,前者是一个静态体系,而后者是一个动态体系。根据法的动态实现过程,法制体系包括立法体系、执法体系、司法体系、守法体系、法律监督体系等法的各个运行环节的体系。

(2) 法学体系。法律体系与法学体系是一种相辅相成、相互促进的关系。法学体系是一个关于法律的知识或理论的体系,是一个由一系列学说观点组成的理论体系。法律体系与法学体系主要存在如下区别:其一,法律体系是一个法律的规范体系,而法学体系是一个法律的知识体系。其二,法律体系是一个能够对社会行为产生直接规范作用的行为规范体系,而组成法学体系的理论知识对现实的社会行为却不具有直接的规范意义。其三,法律体系是一个国别概念,而法学体系是一个理论体系和知识体系,它能够超越时间、区域、国别等因素,具有一定的相对独立性。其四,一个主权国家只能有一个法律体系,但却可以有多个不同的法学体系,如不同的法学流派往往会形成不同的法学体系。其五,组成法律体系的基本构成单元是部门法,而组成法学体系的基本构成单元是部门法学。

(3) 法系。"法系"并非"法律体系"的简称,"法系"是一个有关法律传统的理论范畴,是对具有相同或相似法律传统的国家的法律所进行的一个类型化概括。法律传统差异较大的国家则分属不同的法系。法律体系是一个国别的概念,法系则是一个跨国的概念。法律体系是一个关于法律规范的概念,而法系则是一个关于法律传统和法律文化的范畴。根据通说,当代世界主要有两个比较大的法系,即大陆法系和英美法系。前者主要表现为成文法传统,后者主要表现为判例法传统。大陆法系的典型国家如法国、德国、日本等;英美法系的典型国家如英国、美国、澳大利亚等。

## 第四节 当代中国的法律体系

### 一、建设成就

改革开放后,党和国家总结中华人民共和国成立以来民主法制建设正反两方面的经验,中国特色社会主义法律体系建设开始起步并不断推进,经历了恢复重建、全面展开、形成框架、初步形成、基本形成到如期形成的过程。至2010年10月,以宪法为核心,以法律为主干,包括行政法规、地方性法规等规范性文件在内的,由七个法律部门、三个层次法律规范构成的中国特色社会主义法律体系已经形成。

截至2023年12月,我国现行有效的法律共300部、行政法规650部、地方性法规8000余部。各个法律部门中基本的、主要的法律已经制定,相应的行政法规和地方性法规已经比较完备,规范社会关系各个方面的法律规范和法律部门已经齐全,社会主义法律体系日益健全。

社会主义法律体系形成的标志主要有:法律部门已经齐全,涵盖法律调整的社会关系的各个领域;各个法律部门中基本的、主要的法律已经齐全;与法律相配套的法规适时制定出来;法律体系内部科学和谐统一。

## 二、规范层次结构

从规范类型上看,当代中国的法律体系以宪法为统帅,以法律为主干,以行政法规、地方性法规为重要组成部分。

《宪法》在中国特色社会主义法律体系中具有最高的法律效力,一切法律、行政法规、地方性法规的制定都必须以宪法为依据,遵循宪法的基本原则,并不得与宪法相抵触。

法律是中国特色社会主义法律体系的主干。《宪法》和《立法法》规定,全国人大及其常委会行使国家立法权。全国人大及其常委会制定的法律,是中国特色社会主义法律体系的主干,解决的是国家发展中带有根本性、全局性、稳定性和长期性的问题,是国家法制的基础。行政法规、地方性法规不得与法律相抵触;法律为行政法规、地方性法规的制定提供了重要依据。

行政法规是中国特色社会主义法律体系的重要组成部分。我国《宪法》在配置立法权时,用"根据"原则对行政机关的立法权限作了基本界定。根据《宪法》和《立法法》的规定,国务院有权就下列事项进行立法:(1)为执行法律的规定;(2)为行使行政管理职权;①(3)全国人大及其常委会授权的事项。行政法规一般以"条例""办法""实施细则""规定"等命名。发布行政法规需要国务院总理签署国务院令。行政法规的效力仅次于宪法和法律,高于部门规章和地方性法规。

地方性法规是中国特色社会主义法律体系的又一重要组成部分。地方性法规是指法定的地方国家权力机关依照法定权限,在不同宪法、法律和行政法规相抵触的前提下,制定和颁布的在本行政区域范围内实施的规范性文件。制定地方性法规遵循的是"不抵触"原则。制定地方性法规是人民依法参与国家事务管理、促进地方经济社会发展的重要途径和形式。根据宪法和法律,省、自治区、直辖市和自治州、设区的市的人大及其常委会可以制定地方性法规。地方性法规可以就下列事项作出规定:(1)为执行法律、行政法规的规定,需要根据本行政区域的实际情况作具体规定的事项;(2)属于地方性事务中需要制定地方性法规的事项。对于全国人大及其常委会专属立法权之外的中央尚未立法的事项,《立法法》第81条第1款规定,"设区的市的人民代表大会及其常务委员会根据本市的具体情况和实际需要,在不同宪法、法律、行政法规和本省、自治区的地方性法规相抵触的前提下,可以对城乡建设与管理、生态文明建设、历史文化保护、基层治理等方面的事项制定地方性法规"。第85条第1款规定,"民族自治地方的人民代表大会有权依照当地民族的政治、经济和文化的特点,制定自治条例和单行条例。"②

---

① 分为全国性行政工作的领导权,部门性行政工作的领导和管理权,行政机关编制审定权和行政人员的任免、奖惩权,以及行政监督权等四个方面。

② 制定自治条例和单行条例是民族自治机关行使自治权的重要方式。自治条例是民族自治地方的人民代表大会依照当地民族的政治、经济和文化的特点制定的全面调整本自治地方事务的综合性规范性文件。单行条例是民族自治地方的人民代表大会依照当地民族的政治、经济、文化的特点制定的调整本自治地方某方面事务的规范性文件。自治条例集中体现了民族自治地方的自治权,具有民族自治地方总章程的性质。单行条例是民族自治地方行使某一方面自治权的具体规定,单行条例应当遵循自治条例的规定。

### 三、部门法构成

法律部门是构成法律体系的基本单位。各国法律体系对法律部门的划分并不相同。2011年10月,国务院新闻办公室发布的《中国特色社会主义法律体系》白皮书指出:"中国特色社会主义法律体系,是以宪法为统帅,以法律为主干,以行政法规、地方性法规为重要组成部分,由宪法相关法、民法商法、行政法、经济法、社会法、刑法、诉讼与非诉讼程序法等多个法律部门组成的有机统一整体。"①该白皮书把组成我国法律体系的法律部门概括为七个。结合我国立法实际,考虑不同领域法律的差异,我们把组成我国法律体系的法律部门分为九个:

(1) 宪法及其相关法。其中,宪法相关法是与宪法相配套、直接保障宪法实施和国家政权运作等方面的法律规范,调整国家政治关系,主要包括国家机构的产生、组织、职权和基本工作原则方面的法律,民族区域自治制度、特别行政区制度、基层群众自治制度方面的法律,维护国家主权、领土完整、国家安全、国家标志象征方面的法律,保障公民基本政治权利方面的法律。宪法及其相关法调整国家最根本的政治制度、经济文化制度、公民基本权利与国家机构的组织法都属于宪法相关法的范畴。包括选举法和各级组织法,关于中央和地方关系基本制度和地方自治的法律,关于国家间关系和国家主权方面的法律,关于保障公民基本权利和人权方面的法律等。

(2) 民法商法。民商法是调整平等主体在民商事关系中的财产关系和人身关系的法律规范的总称。我国采用的是民商合一的立法体制。民法调整平等主体的自然人、法人和非法人组织之间的人身关系和财产关系。商法调整商事主体之间的商事关系,遵循民法的基本原则,同时秉承保障商事交易自由、等价有偿、便捷安全等原则。

《民法典》是我国民事方面的基本法律,规定了民法的调整对象、基本原

---

① 参见国务院新闻办公室:《〈中国特色社会主义法律体系〉白皮书(全文)》,中华人民共和国国务院新闻办公室网站,2011年10月27日,http://www.scio.gov.cn/ztk/dtzt/62/3/Document/1035422/1035422_2.htm,2023年12月19日访问。

则以及民事主体、民事行为、民事权利和民事责任制度等。在商事领域，我国制定了公司法、合伙企业法、个人独资企业法、商业银行法、证券投资基金法、农民专业合作社法等法律，建立健全了商事主体制度；制定了证券法、海商法、票据法、保险法等法律，建立健全了商事行为制度。在外商投资和对外经济交流领域，我国制定了外商投资法。

（3）行政法。行政法是关于行政权的授予、行政权的行使以及对行政权的监督的法律规范，调整的是行政机关与行政管理相对人之间因行政管理活动发生的关系。行政法涉及范围较大、数量较多，行政管理中涉及的社会关系很复杂，包括国防、外交、人事、民政、民族、宗教、公共安全、科教文体等方面。行政法主要包括行政管理主体的组织法、授权性法律，行政处罚法和相关的行政法规，行政复议法，行政许可法，行政强制法等；教育行政法律法规包括教育法、义务教育法、高等教育法、职业教育法、教师法和幼儿园管理条例、教师资格条例、中外合作办学条例等法律法规；医药健康方面的行政法规包括药品管理法、母婴保健法、献血法、传染病防治法、体育法、国境卫生检疫法、食品安全法、中医药法和医疗器械监督管理条例、反兴奋剂条例等法律法规；社会秩序管理方面的行政法律法规包括居民身份证法、出境入境管理法、枪支管理法、消防法、禁毒法、治安管理处罚法、突发事件应对法和看守所条例、大型群众性活动安全管理条例、烟花爆竹安全管理条例等法律法规；行政监察与公务员制度方面的行政法包括公务员法、人民警察法、驻外外交人员法和行政机关公务员处分条例等；文化行政管理方面的法律法规包括科学技术进步法、科学技术普及法、文物保护法、非物质文化遗产法和古生物化石保护条例、长城保护条例、电影管理条例等法律法规。

（4）刑法。刑法是规定犯罪、刑事责任、刑罚的法律规范的总和，调整的是涉及犯罪方面的社会关系，是调整手段最为严厉的法律部门，承担着保卫人民、惩治犯罪、保障国家安全等重要的社会功能。我国刑法采取法典化的立法模式，现行刑法确立了罪刑法定、罪责刑相适应、法无明文规定不为罪等基本原则。现行《刑法》自1997年施行至今，共通过十二个修正案，得以不断完善。除此之外，全国人大常委会根据《立法法》及相关规定，针对特定类型的行为,还制定了单行刑法《关于惩治骗购外汇、逃汇和非法买卖外汇犯罪的决定》,并针对《刑法》颁布了一系列法律解释。

(5)经济法。与民商事法律关系不同,经济法是国家从整体上对经济活动进行干预的法律规范的总称。计划经济时期,经济法具有典型的行政特色。随着社会主义市场经济的发展,通过保障市场促进主体公平竞争成为经济立法的主要原则。在经济市场规范和管理方面,我国制定了预算法、价格法、中国人民银行法、反不正当竞争法、价格法、银行业监督管理法、反洗钱法等法律;在税收方面,制定了企业所得税法、个人所得税法、车船税法、税收征收管理法等法律以及增值税暂行条例等行政法规;在安全生产方面,制定了农业法、种子法、农产品质量安全法等;在自然资源和能源开发和使用方面,制定了土地管理法、森林法、水法、矿产资源法、节约能源法、可再生能源法、循环经济促进法、清洁生产促进法等法律;还有关于基础设施使用和管理的法律,如铁路法、公路法、民用航空法、电力法等。

(6)社会法。作为我国法律体系组成部分的社会法,区别于前述与公法、私法同层面的社会法划分,是调整劳动关系、社会保障、社会福利和特殊群体权益保障等方面的法律规范。在立法取向方面,社会法体现为从社会整体利益出发,加强对公民社会权利的保护。社会法主要包括:劳动保障方面,有劳动法、劳动合同法、劳动安全方面的法律;社会公益管理方面,有红十字会法、公益事业捐赠法和基金会管理条例等法律法规;社会保障制度方面,有社会保险法、失业保险条例、工伤保险条例和社会保险费征缴暂行条例、农村五保供养工作条例等法律法规;社会救助和特殊群体保护方面,有残疾人保障法、未成年人保护法、妇女权益保障法、老年人权益保障法、预防未成年人犯罪法和城市生活无着的流浪乞讨人员救助管理办法、法律援助条例、自然灾害救助条例、城市居民最低生活保障条例等。

(7)环境法。环境法是关于保护环境和自然资源、防治污染和其他公害的法律规范的总称。同其他法律部门相比,环境法具有综合性和技术性等特点。环境保护范围广泛,调整的社会关系相当复杂,不仅包括大量的专门环境保护法律法规,而且包括宪法、行政法、民法、刑法、劳动法、经济法等法律法规中有关环境保护的规定。专门的环境保护法律法规有环境保护法、环境影响评价法、水污染防治法、海洋环境保护法、大气污染防治法、环境噪声污染防治法、固体废物污染环境防治法、放射性污染防治法等法律和危险化学品安全管理条例、危险废物经营许可证管理办法等行政法规。

(8) 军事法。军事法是调整军事领域各种关系的法律规范的总称。军事法包括国防法、国防动员法、军事设施保护法、人民防空法、兵役法、国防教育法和征兵工作条例、民兵工作条例等法律法规。军事法包括军事基本法和若干的部门法。其中,军事基本法主要规定国家的基本军事制度、国防领导体制、武装力量的组成和任务、国防和武装力量建设的方针和原则等方面的内容;军事部门法主要是涉及军事组织、军事勤务、兵役与动员、军事教育训练、军事行政管理、军事经济、国防科技、军事权益保护、军事司法、战争等方面的法律法规。

(9) 诉讼法和其他非诉讼程序法。诉讼法和非诉讼程序法是调整法律程序的法律规范的总和,与实体法相对应。诉讼法是规范国家司法活动、解决社会纠纷的法律规范,非诉讼程序法是规范仲裁机构、人民调解组织解决社会纠纷的法律规范。程序法的发展是一国法治文明发展的重要指标。诉讼法主要包括刑事诉讼法、民事诉讼法和行政诉讼法三个部分。除此之外,我国还制定了仲裁法、人民调解法、引渡法、海事诉讼特别程序法、劳动争议调解仲裁法、农村土地承包经营纠纷调解仲裁法等法律,建立健全了诉讼与非诉讼程序法律制度。

#  第八章

Chapter 8

# 法律行为

法律行为是一个基础性概念。法律的调整对象是人的行为和社会关系。法律通过其规范作用实现它对行为的指引、预测和评价。权利的实现、义务的履行依赖于行为主体在法律上的作为或不作为。只有通过规范人的行为,法律才能实现关于权利义务的调整,实现对利益的保护。

## 第一节 法律行为释义

### 一、法律行为概念的历史流变

美国法学家劳伦斯·M.弗里德曼(Laurence M. Friedman)指出,"在任何法律制度中,关键的因素是行为,即人们实际做什么……除非我们的注意力放在我们称之为'法律行为'的问题上,否则就无法理解任何法律制度。"[①]法律行为是一种特殊的社会行为,要考察法律行为的概念,有必要首先厘清"行为"的概念。人的行为不同于大自然的运行和其他动物的动作,

---

① Laurence M. Friedman, *American Law*, W. W. Norton & Company Inc., 1984, p.199.

是人们在一定目的、欲望、意识、意志支配下的活动。它是受到人的思想支配而表现出来的外部动作,是可受意志控制的、与环境和结果发生联系的身体活动,是主观性(主观意志)和客观性(外在表现)的统一:"单纯动作并不直接等于行为。人的动作可以区分为无意识的本能动作和有意识的理性动作,称作行为的是后者。"①

中文的"法律行为"概念是德文"Rechtsgeschaft"的汉译,意为"合法的表意行为"。民法学、刑法学、行政法学等都使用"行为"或"法律行为",但其内涵界定有着很大的差异。

(一)民法学中的法律行为

民法学界认为,18世纪德国法学家丹尼尔·奈特尔布拉德(Daniel Nettelbladt)于1748年开始使用拉丁文"*actus juridicus*"(法律行为)指称"与权利义务有关的行为";1805年,德国学者古斯塔夫·胡果(Gustav Hugo)首创德文"Juristischer Geschaftsman",意指"法律行为人";现代民法学意义上的"法律行为"概念首倡者为德国学说汇纂体系(又称"潘德克顿体系")的创立人海泽(G. H. Heise),他在《供学说汇纂讲授所用之普通民法体系概论》中使用了"法律行为"的德文名词"Rechtsgeschaft",意指"设权意思表示行为";②历史法学家萨维尼在《当代罗马法体系》(第三卷)中对这一概念作了系统论述,认为"行为人为创设其意欲的法律关系而从事的意思表示行为称法律行为",将法律行为与"意思表示"相提并论,并为德国民法典所采用。③

我国1986年《民法通则》在条文中区分使用了"民事行为"与"民事法律行为"两个表述,规定"民事法律行为"是"公民或法人设立、变更、终止民事权利和民事义务的合法行为",明确规定行为的合法性是民事法律行为的必

---

① 〔日〕小仓志祥编:《伦理学概论》,吴潜涛译,富尔良校,中国社会科学出版社1990年版,第124页。

② 这一概念为日本学者借用汉字中的"法律"和"行为"翻译成"法律行为"。参见申卫星:《民法基本范畴研究》,法律出版社2015年版,第49页。

③ 参见董安生:《民事法律行为》,中国人民大学出版社2002年版,第22页。

要条件。这一表述曾成为通说,甚至被誉为"世界民法立法史上的一个独创"①。但也有学者认为,创造和使用"民事法律行为"这一概念人为制造了法律和法学上的障碍,进而主张"民事法律行为是指以意思表示为要素,依其意思表示的内容而引起民事法律关系设立、变更和终止的行为"②。2021 年生效的《民法典》第 133 条规定:"民事法律行为是民事主体通过意思表示设立、变更、终止民事法律关系的行为。"对此进行了规范调整。

王泽鉴教授将法律事实分为人的行为及人的行为以外的其他事实(如自然事件与自然状态),将人的行为分为适法行为与违法行为,再将适法行为分为表示行为与非表示行为,其中表示行为即法律行为,是指"以意思表示为要素,因意思表示而发生一定私法效果的法律事实"③,其基本功能是实行"私法自治",使个人可以依其意思自主地创设私法上的权利义务关系。朱庆育教授指出,"法律行为可一般性定义为当事人旨在根据意思表示的内容获得相应法律效果的行为。"④在确定当事人意思表示的基础上,法律行为区别于亦可产生法律效果的事实行为。法律行为的效果根据行为人意思表示产生;事实行为系非表意行为,其法律效果直接根据法律规定产生,与行为人意志无关,如无因管理、修建房屋、拾得遗失物等。也就是说,在民法与民法学上,法律行为这一概念的核心是表意,即意思表示,合法与违法不是界定该概念的影响因素。

(二)刑法学中的犯罪行为

"行为"是刑法和刑法学的一个基本范畴,无行为则无犯罪,亦无刑罚。刑法学和刑事立法一般都认为,犯罪行为是主观因素与客观因素的统一。在刑法和刑法学中,指称具有法律意义的行为,使用的是"犯罪行为"这一概

---

① 佟柔主编:《中国民法学·民法总则》,中国人民公安大学出版社 1990 年版,第 208 页。
② 马俊驹、余延满:《民法原论(上)》,法律出版社 1998 年版,第 236 页。
③ 王泽鉴:《民法总则(增订版)》,中国政法大学出版社 2001 年版,第 250 页。
④ 朱庆育:《民法总论(第二版)》,北京大学出版社 2016 年版,第 80 页。

念。张明楷教授指出,"刑法上的行为,是指基于人的意志实施的客观上侵犯法益的身体活动",刑法上的"行为具备有体性、有意性、有害性三个特征"。① 根据张明楷教授的观点,行为是人的身体活动,包括积极活动和消极活动,这是行为的客观要素;行为是基于人的意志而实施的,是意志的外在表现,这是行为的主观要素;行为是客观上侵犯法益的行为,这是行为的实质要素。有日本刑法学家认为,行为是"可能受意思支配的具有社会意义的人的外部的态度";"意思支配的可能性"是行为的标志,"缺乏这一条件的反射运动、无意识动作以及在绝对的强制下的动作等都不能作为行为,都可以从刑法的世界中放逐出去"。② 我国《刑法》第16条规定:"行为在客观上虽然造成了损害结果,但是不是出于故意或者过失,而是由于不能抗拒或者不能预见的原因所引起的,不是犯罪。"第18条第1款规定,"精神病人在不能辨认或者不能控制自己行为的时候造成危害结果,经法定程序鉴定确认的,不负刑事责任"。据此,刑法上的犯罪行为是以犯罪主体的主观因素为考察要素的,是具有社会危害性和刑事违法性的法律事实。作为刑法和刑法学上的法律行为,犯罪行为包含行为人的主观意志因素,在法律效果上强调的是对行为的否定性评价。

(三)行政法学中的行政行为

行政法和行政法学语境中的法律行为被称为"行政行为"。关于行政行为,行政法学界主要有行为主体说、行政权说、公法行为说等几种学说。行为主体说从行政行为主体的角度界定行政行为,认为凡是行政机关的行为,无论是运用行政权所作的事实行为还是未运用行政权所作的私法行为,都是行政行为。行政权说认为,只有行政机关运用行政权所作的行为才是行政行为,包括行政法律行为、行政事实行为与准法律行为三类。

公法行为说是目前的通说,"行政行为是享有行政权能的组织(行政主

---

① 参见张明楷:《刑法学(第四版)》,法律出版社2011年版,第145页。
② 参见〔日〕野村稔:《刑法总论》,全理其、何力译,法律出版社2001年版,第124页。

体)运用行政权对行政相对人所作的法律行为"①。这一界定强调行政主体的意志要素和法律效果要素。行政行为是具有行政法(公法)意义或效果的行为,具有行政权能的组织未运用行政权的私法行为和事实行为不属于行政行为。一般认为,行政行为具有单方性、强制性和无偿性等法律特征,具有公定力、确定力、约束力和执行力等四种效力。

不同部门法学对法律行为的界定和使用不尽相同,这给法学研究和法律实践带来了不同程度的混乱。

## 二、法律行为的界定

此前,学术界关于法律行为的争论集中于法律行为是否限于意志行为,以及法律行为是否限于合法行为。关于法律行为是否限于意志行为的争议涉及法律行为的成立是否必然要求行为主体具有控制自己行为的主观意志;②关于法律行为是否限于合法行为的争议涉及法律行为在效果上是否限于合法有效。准确地界定法律行为的概念,需要对这两个因素进行细致分析。

(一)法律行为的定义

本书认为,法律行为是行为主体所实施的、能够发生法律上的效力、产生特定法律效果的行为,包括合法行为与违法行为。法律行为是具有法律意义的行为。

作为一个概念,法律行为与事实行为等能够引发法律效果的行为构成适法行为,适法行为的对应范畴是非法行为。规范地讲,非法行为不是违法行为,它是指那些不具有法律意义的行为,即不受法律调整、不发生法律效

---

① 姜明安主编:《行政法与行政诉讼法》,北京大学出版社、高等教育出版社1999年版,第141页。

② 尽管措辞不同,但对法律行为的界定都强调下述共性因素:(1)强调行为人的主观状态,认为意识和意志是法律行为的必备要素,无意识则无法律行为;(2)法律行为必须具有一定的目的,有确定的指向性;(3)强调行为主体的行为能力,只有具有相应行为能力的人才能为特定的法律行为。

力、不产生法律效果的各种行为。正确界定法律行为,无论在立法上还是在司法实践中,都具有非常重要的意义。

(二)法律行为的特征

第一,法律行为具有社会性。法律行为是发生于人与人之间的具有社会意义的行为。法律行为的特点在于它是一种具有社会意义的行为,而非仅仅限于自我层面。这意味着,它能够对人与人之间的利益关系产生积极或消极的影响,从而导致利益关系的变化,如产生、变更或消灭特定的利益(权利),进而得到法律的肯定或否定评价,而这种评价指向的是法律行为对人与人之间关系的影响。如果人的行为仅仅对行为者本人有影响,并不辐射至他人和社会,就不会触发法律对其作出评价,那么,该行为没有任何社会意义,就不是社会行为,从而也就不是法律行为。

第二,法律行为具有法律性。法律性具有三层含义:其一,法律行为是由法律调整和规定的行为,"行为之所以成为法律行为正因为它是由法律规范所决定的。行为的法律性质等于行为与法律规范的关系。行为只是因为它是由法律规范决定并且也只有在这一范围内才是一个'法律'行为"①。法律行为首先是社会行为,但只是被纳入法律调整范围的那部分社会行为。特定的社会行为之所以成为法律行为,是因为法律规定的缘故。即使人的行为对他人和社会发生了影响,具有社会意义,但社会对该行为的评价并不是法律的角度。其二,法律行为是能够发生法律效力或产生法律效果的行为。所谓法律效力,是指法律行为能够产生一定的法律关系,或者对其他行为具有支配力(如行政行为),或者受其他行为支配(如履行义务的行为);所谓法律效果,是指法律行为能够引起人们之间权利义务关系的产生、变更或消灭,它们可能受到法律的承认、保护或奖励(合法行为),也可能受到法律的否定、撤销或惩罚(违法行为)。其三,法律行为是法律现象的组成部分。法律现象不只包括法律规范,还包括使法律规范由抽象到具体、由文本的规

---

① 〔奥〕凯尔森:《法与国家的一般理论》,沈宗灵译,中国大百科全书出版社1996年版,第42页。

定到实践的行为。

综上所述,法律行为的基本特点是社会性和法律性,①社会性要求法律行为本身是具有社会意义的行为,法律性要求法律行为必须是由法律规范所调整的行为。

## 第二节　法律行为的构成

一种行为之所以能够成为法律行为而产生相应的法律效果,必须具备相应的条件,这些条件及条件组合可以称为"法律行为的构成"。

### 一、判定法律行为的标准

法律行为是否成立,是一个事实判断,其着重点在于行为的外部样态以及基于该行为(包括其结果)的社会意义而产生的法律意义。判定一个行为是否构成一个法律行为,应当坚持下列两条标准:

第一,客观主义标准。客观主义标准强调两点:(1)行为的有体性。也就是说,行为人的行为必须通过身体运动(包括动作和语言)表现出来,引起其他事物的某种变动,能够被他人感知。(2)行为的社会意义和法律意义。这要求行为人的行为及其结果具有社会性,能被进行法律评价,而不论行为者的主观心理状态如何。

客观主义标准的基本要求是,在判定一个行为是否为法律行为的时候,所关注的焦点在于行为本身对他人和社会的影响方式和程度,以此确定国家有无必要以社会利益之代表的身份对该行为作出法律上的反应,进行法律规制。至于行为者的年龄、智力与主观意志状态等,并不影响一个行为是否能够成为法律行为的定性。当然,它们会影响该法律行为引起的法律责

---

① 需要说明的是,学界通说认为法律行为还具有意志性(可控性)、价值性。参见张文显主编:《法理学(第三版)》,高等教育出版社 2007 年版,第 151—152 页;张文显:《法哲学通论》,辽宁人民出版社 2009 年版,第 229—231 页;李龙主编:《法理学》,人民法院出版社、中国社会科学出版社 2003 年版,第 331 页;舒国滢主编:《法理学(第二版)》,中国人民大学出版社 2008 年版,第 103 页。

任之承担。

第二,法定主义标准。如前所述,特定的社会行为之所以能够成为法律行为,仅仅是因为法律规定的缘故。一个行为是否能够成为法律行为,检验标准就是现行有效的法律规定。不管行为者的主观认知能力如何,也不管客观社会条件如何,只要该行为符合现行法律规定的行为模式,就可以认定其为法律行为。

## 二、法律行为的构成

基于客观主义和法定主义标准,法律行为必须具备下列条件:

第一,行为主体。行为主体是指具有一定法律资格的法律主体,包括一切自然人和社会组织。至于行为主体实际上具备何种主观意志状态、认知能力、年龄、智力等,在所不问。如前所述,行为主体的认知能力不会影响法律行为的成立,但会影响法律责任的认定和承担。不同的部门法调整的社会关系范围有所不同,其法律主体也有所差异。本书所称的行为主体是范围最广泛的法律主体,它涵盖一切部门法上的主体,凡是能够在法律关系中承担一定义务、享受一定权利并承担一定责任的自然人或组织,都是法律主体。

第二,行为事实。行为事实即行为主体表现于外部的作为或不作为,既包括身体行为,也包括语言行为,如毁损财物、伤害他人身体、诽谤他人、签订合同、立遗嘱、自然死亡等。这些不仅对行为主体本人有影响,更会对其他社会成员、整个社会产生影响,立法者以某种方式向行为主体和社会表明其对这些行为的态度和应对方式:认可、赞成、提倡,或者否定、限制、禁止甚至处罚。

第三,结果事实。法律行为的社会性,已经意味着法律行为必定要产生社会结果,只是这种结果必须是法律规定的。判断法律行为的结果,通常有两条标准:一是行为造成的社会影响是有益的还是有害的、物质的还是精神的、直接的还是间接的;二是该结果具有法律意义。法律通常根据行为的结果来区分行为的法律性质和行为主体对行为负责的界限和范围,法律行为所产生的结果事实并不等于法律后果本身,行为事实只是行为人承担法律后果的前提。

第四,行为事实和结果事实之间的因果关系。一般而言,只要某人的行为引起了某种结果,且该结果的社会意义重大以至于被纳入法律评价的范围,那么,该行为与其具有法律意义的结果之间就具有因果关系。这种因果关系是客观的、充分条件的,该行为必然引起该结果。因此,在一果多因的情况下,只有行为主体的行为是产生结果事实的主要原因时,才能认定该行为与该结果之间存在因果关系。

综上,判定一个行为是否构成法律行为,需要遵循客观主义和法定主义两条标准。一个法律行为的成立需要具备行为主体、行为事实、行为结果、行为事实与行为结果之间的因果关系四项条件。

### 三、法律行为的结构

法律行为的成立在结构上表现为行为的内在方面和外在方面。内在方面是行为的主观方面,包括行为意志和认知能力等因素;外在方面也就是行为的客观方面,包括行为、手段和结果等因素。

（一）法律行为的内在方面

法律行为的内在方面,又称"法律行为构成之心素",是行为主体在实施行为时的一切心理活动、精神状态以及认知能力的总和。

在讨论法律行为的成立时,我们说法律行为的成立并不以行为主体必须具有一定的主观意志和认知能力为必要条件,如自然死亡、精神病患者造成别人损失、幼童损坏别人财产、两人行为意外造成两人自己的共同损失等,都会带来重要的法律后果,比如继承出现、婚姻关系结束、监护人赔偿损失、共同分担出现的损失等。在这些情况下,行为者显然没有主观意志内容可言;没有人会认为自然死亡者会有"死亡意志";没有人会认为精神病患者、幼童具有正常的"主观意志",能够通过意思表示去为特定行为;也没有人会认为在意外事故中行为者具有"造成损失的意志"。尽管如此,我们却也不否认,分析一个法律行为是否成立、生效以及引起法律责任时,主观方面是一个重要的考量因素,在有的情况下它甚至还是某些法律行为是否生效的必要条件。具体而论,法律行为的主观方面主要包括行为意志和认知能力两个方面。

1. 行为意志

行为意志是指人们基于需要、受动机支配、为达到目的而实施行为的心理状态,它包括需要、动机和目的三个层次。人的行为是由需要引起的,行为的实施是为了实现人的需要的满足。需要引起动机,动机产生行为,行为趋向目的,目的实现满足,满足之后又产生新的需要。这就是行为的内在方面诸环节的系统循环。研究法律行为的主观方面,主要是要考察这些行为意志所具有的法律意义。

(1) 法律行为的动机本身不是法律所直接调整的对象,但由于动机不同,行为人对行为的选择不同,就会产生不同的后果,因此法律必须根据行为的后果来考察和评价行为的动机。从法律的角度看,行为动机的正当合法与否,与行为动机的善恶与否并非一一对应。一般而言,恶劣的行为动机既为道德所不尚,也为法律所禁止。然而,谈到善意的行为动机时,情况则较为复杂,有时候动机上善良的行为在法律上却可能受到否定的评价,如出于善良的意图而实施的侵权行为就应承担相应的法律责任。在刑法中,动机是定罪量刑参考的情节之一。

(2) 考察法律行为,应当研究法律行为的目的。在刑法中,人们正是根据有无犯罪目的来区分行为人的行为到底属于犯罪还是不属于犯罪,是故意还是过失,是此罪还是彼罪。在民法中,所谓意思表示,其实就是主体要达到或力求实现某种目标和结果的主观意图,因而,意思表示是民事法律行为的本质要素。犯罪目的是区分罪与非罪、此罪与彼罪的事实根据,意思表示不真实或者没有法律效果的意思表示可能导致民事法律行为的可撤销、无效甚至不成立。法律行为的目的往往以表达的方式来体现,其表达可以采取明示的方式,也可以采取默示的方式;可以采取书面的方式,也可以采取口头的方式。在实际行为过程中,行为人由于受动机、认识能力、态度、价值观或情势所迫等的影响,对自己行为的表达有时候充分,有时候不充分,有时甚至出现错误的表达,产生目的(或意思)与表达之间的分离。而这些情形都将影响甚至决定对法律行为的定性,是分析法律行为有效或无效、合法或违法的根据。应当特别指出的是,法律行为目的的表达并不是一切法律行为成立或有效的必备要件,如民法中的无因行为(不当得利、无因管理等)即不以原因(目的)的存在作为成立或有效的前提条件。

2. 行为认知

行为认知是指行为人对自己行为的法律意义和法律后果的认识。行为目的的形成并不完全是一个盲目的过程,它基于人的认知能力、水平,以及人对行为意义、后果的认识与判断。人的认知能力直接影响其行为的法律意义,因为"人们只能以我所知道的事况归责于我"①。如果一个人根本无能力认识和判断其行为的意义与后果,那么其行为所造成的法律后果就不由其本人承担,而是由其监护人承担。法律根据认知能力的有无和强弱,通常将自然人分为完全行为能力人、限制行为能力人和无行为能力人。完全行为能力人承担自己行为所产生的全部法律后果,限制行为能力人和无行为能力人的行为所产生的法律后果由其监护人承担。

在法律活动中,受行为人主、客观多方面因素的影响,常常会发生主观认识与客观存在之间不相一致的情况,这就是认识错误。从法律的角度看,这种认识错误又具体分为法律认识错误和事实认识错误:(1)法律认识错误,是指行为人对客观事实认识无误,但误解了该事实的法律意义和法律后果。法律认识错误并不影响行为的法律性质和法律后果。例如,某甲经常打骂其妻子,其妻不堪忍受,要求居委会调解,某甲声称"这是家务事,不用你们管"。某甲对其行为的认识就属于法律认识错误。(2)事实认识错误,是指行为人的主观认识与客观事实相背离。事实认识错误可能影响行为的法律性质和法律后果。具体而言,在民法中,基于重大误解而发生的民事法律行为是可撤销的。而在刑法中,事实认识错误并不免责。例如,误把白糖当砒霜杀人,构成故意杀人未遂。

---

① 〔德〕黑格尔:《法哲学原理》,范扬、张企泰译,商务印书馆1996年版,第121页。

## （二）法律行为的外在方面

法律行为的外在方面，又被称为"法律行为构成之体素"[①]，是指法律行为客观外在表现的一切方面。外在方面在法律行为的结构中具有决定作用，这是因为：首先，人的主观方面只有外化为行动，才具有客观性，才能成为法律调整和评价的对象；其次，只有通过观察和分析一个人的外在行为，才能把握行为人的内在需要、动机、目的及其认知能力等主观方面的情况；最后，行为所具有的法律意义和产生的法律后果，需要由行为的外在方面来决定。[②] 例如，一个打伤他人的行为，是仅限于民事侵权，应承担民事赔偿责任，还是已经构成刑事犯罪，不仅要承担民事赔偿责任，而且还要承担刑事责任，这取决于行为的性质，取决于"打伤他人"的行为对他人和社会造成的危害程度。

法律行为的外在方面包括外在的行为、行为方式以及具有法律意义的结果三个方面。

### 1. 外在的行为

外在的行为是指行为主体通过身体或言语表现于外的举动，是法律行为结构最基本的要素，它是法律行为主体作用于对象（包括其他主体、动物、物体、权利、关系、利益、秩序、整个社会）的中介及方式。没有任何外在行动的法律行为是不存在的。作为法律行为外在表现形式的行为，大体上可分为身体行为和语言行为两类。

第一，身体行为，指通过人的身体（躯体及四肢）的任何部位所做出的为人所感知的外部举动。这一类行为（如杀人放火、货物买卖）可以通过自身的外力直接作用于外部世界，引起法律关系产生、变更或消灭。

第二，语言行为，即通过语言表达对他人产生影响的行为。语言行为作为人的特殊行为，能够产生法律上的效果，因而具有法律意义。通常来说，人们的意思表示都是通过语言行为来完成的。语言行为又包括两种：

---

[①] 张文显主编：《法理学（第三版）》，高等教育出版社2007年版，第154页。
[②] 参见张文显：《法哲学通论》，辽宁人民出版社2009年版，第236页。

(1)书面语言行为,诸如书面声明、书面通知、书面要约和承诺、签署文件等。(2)言语行为,即通过口头语言表达而在"说者—语义—听者"这一语言交际中完成的言语过程,如通过演讲煽动颠覆国家政权、使用污言秽语侮辱他人等。

在特定情形下,不作为也能构成法律行为意义上的外在的行动。例如,行政机关在负有法定义务时不作为的,构成行政违法;民法中的受遗赠人在一定期限内对遗赠保持沉默的,视为放弃接受遗赠的权利;等等。①

2. 行为方式

行为方式是行为主体为达到预设的目的,在实施行为的过程中采用的步骤、手段、方法与工具。行为主体的行为方式既是推测、判断行为人主观状态的重要依据,也是判断该行为构成何种法律行为的具体标准。例如,在特定情形下实施的行为可以构成正当防卫、紧急避险等特殊的法律行为,可以免除部分或全部法律责任。在刑法中,行为主体的行为方式往往构成此罪与彼罪的主要区别,如是否具有暴力胁迫的情节就是区分抢劫罪与抢夺罪的主要区别。

行为的法律性质与行为方式有关,这些方式主要有:

(1)与特定情景相关的行为方式。某些行为方式只在特定的情形下方能使用,如正当防卫、紧急避险。

(2)与特定主体身份相关的行为方式。某些法律行为的成立只与具有特定法律资格的主体(个人或机关)相关联,其他主体无权采用此种法律行为方式和方法,即使采用,也不能被认定为该法律行为构成的要件,如父母对子女的监护、职务上的犯罪、违宪行为等,其行为主体都是具有特定身份的。

(3)与特定的时间和空间相关的行为方式。某些行为的实施以法律所规定的时间或空间作为条件,故此时间和空间就成为相关法律行为方式的特定内容,如入室盗窃、宣告死亡等。

---

① 参见李龙主编:《法理学》,人民法院出版社、中国社会科学出版社2003年版,第332—333页。

(4) 与特定对象相关的行为方式。有些法律行为所实施的对象是特定的人或物,其行为方式由该特定对象的性质所决定,如虐待、奸淫幼女、挪用公款等。

3. 具有法律意义的结果

行为主体的行为具有法律意义。法律通常根据行为结果来区分行为的法律性质和行为人对其行为负责的界限及范围。行为结果不仅有实际结果和预期结果的差别,还有自然结果与法律结果的差别。判断法律行为导致的结果是否具有法律意义,主要有两个标准:

第一,行为造成一定的社会影响。这种影响或者是表现为对他人、社会有益,或者是表现为对他人、社会有害,即造成一定的损害。行为结果可能是物质性的(有形的),也可能是精神性的(无形的);可能是直接的,也可能是间接的。同时,行为与结果之间要具有因果关系,没有因果关系的法律行为是不存在的。

第二,行为结果应当从法律角度进行评价,即由法律根据结果确定行为的法律性质和类别:是合法还是违法?是行政行为还是民事行为?任何行为一经完成,必然带来某种社会影响,但是何种影响具有法律行为上的意义,一般由法律作出具体规定。有些行为要在发生相当的社会影响之后才具有法律意义上的行为结果,如某行为要构成盗窃罪,盗窃的金额必须达到相应的数额标准;而有些行为只要一经完成就会被视为具有法律意义上的行为结果,如危害国家安全的犯罪行为。

需要说明的是,具有法律意义的行为结果并不等于法律后果,行为结果只是行为人承担法律后果的依据之一,但并不是法律后果本身。

## 第三节 法律行为的分类

### 一、以行为主体的性质和特点为标准

1. 个人行为、集体行为和国家行为

根据行为主体的特征不同,可以把法律行为分为个人行为、集体行为和

国家行为。

个人行为是自然人基于个人意志和认识,由自己直接作出的具有法律意义的行为,如个人签订买卖合同、订立遗嘱等。

集体行为是机关、组织或团体基于某种共同意志或追求所从事的具有法律效果、产生法律效力的行为,如公司之间签订合同的行为。

国家行为是国家作为一个整体或者由国家的代表机关(国家机关)及其工作人员,根据国家意志,即根据国家的政策、法律的授权或国家权力机关的直接授权,以自己的名义所从事的具有法律意义的行为,如立法行为、执法行为、司法行为、缔结国际条约等。

这一分类的意义在于,有利于分辨不同的法律主体,认识不同的法律行为,从而分别确定不同法律行为的效力和责任。

2. 单方行为和多方行为

根据行为主体意思表示的形式,可以把法律行为分为单方行为和多方行为。

单方行为,又称"一方行为",是指由法律主体一方的意思表示或由一方当事人主动作为而成立的法律行为,如遗嘱、行政命令、自然人的犯罪行为等。

多方行为,是指由两个或两个以上的法律主体意思表示一致而成立的法律行为,如合同行为。

此一分类的意义在于正确认定法律行为的成立及其效力。

3. 自主行为和代理行为

根据行为主体实际参与行为的状态,可以把法律行为分为自主行为和代理行为。

自主行为,又称"自为行为",是指法律主体在没有其他主体参与的情况下,以自己的名义独立从事的法律行为。

代理行为,是指法律主体根据法律的授权或其他主体的委托,以被代理人的名义所从事的法律行为。

此一分类的意义主要是,自主行为所产生的法律后果由行为主体本人承担,而代理行为所产生的法律后果则由被代理人承担。

## 二、以行为的法律性质为标准

1. 合法行为和违法行为

根据行为是否符合法律的内容要求,可以把法律行为分为合法行为和违法行为。

合法行为,是指行为人所实施的具有一定的法律意义、与法律规范的内容要求相符合的行为。

违法行为,是指行为人所实施的违反法律规范的内容要求、应受处罚的行为。

此一分类的意义主要在于,只有合法行为才能得到法律的保护,违法行为是对他人权益的侵害,应依法承担相应的法律责任。

2. 公法行为和私法行为

根据法律行为据以成立之法律依据的性质为标准,可以将法律行为分为公法行为和私法行为。

公法行为是指公法主体(国家机关及其授权的组织)所实施的、以公法为法律依据并产生公法上法律效果的法律行为,如立法行为、行政行为、司法行为等。

私法行为是指私法主体(公民、法人及其他社会组织)所实施的、以私法为依据并产生私法上法律效果的法律行为,如民事法律行为、商事法律行为等。

需要注意的是,并非公法主体实施的所有法律行为都是公法行为。公法主体实施与其本身职权没有关联的、以私法为依据并产生私法上法律效果的法律行为,同样属于私法行为。

## 三、以行为的表现形式和相互关系为标准

1. 积极行为和消极行为

根据行为的表现形式不同,可以把法律行为分为积极行为和消极行为。

积极行为,又称"作为",是指行为人以积极的、主动作用于客体的方式进行的活动,往往表现为作出一定动作或动作系列的、具有法律意义的行为。

消极行为,又称"不作为",是指行为人以消极的、间接对客体发生作用的方式进行的活动,往往表现为不作出一定的动作或动作系列的、具有法律意义的行为。

这一分类的意义在于,积极行为(作为)和消极行为(不作为)两者不能反向选择,即法律要求积极行为时,主体不能消极不作为,否则违法。反之亦然,法律要求消极不作为(禁止为一定行为)时,行为主体不能积极作为,否则也违法。

2. 主行为和从行为

根据行为之主从关系,可以把法律行为分为主行为和从行为。

主行为,是指无须以其他法律行为的存在为前提而具有独立存在意义、产生法律效果的行为。例如,对于抵押合同来说,主债务合同就是主行为。

从行为,是指其成立以另一种行为(即主行为)的存在为前提才具有法律意义的行为。例如,抵押合同相对于主债务合同来说就是从行为。

这一分类的意义在于,从行为的成立取决于主行为的成立和效力。

### 四、以行为的构成要件为标准

1. 表示行为和非表示行为

根据行为是否基于意思表示,可以把法律行为分为表示行为和非表示行为。

表示行为,亦称"表意行为",是指行为人基于意思表示作出的、客观效果与其意思取向一致的、具有法律意义的行为,如合同法上的要约、承诺。

非表示行为,亦称"事实行为",指非经行为者意思表示,而是基于某种事实状态即具有法律效果的行为,如民法上的先占、遗失物的拾得、埋藏物的发现等。

这一分类的意义在于,表示行为以行为人的真实意思表示为生效要件,非表示行为的生效则无须行为人的意思表示。

2. 要式行为和非要式行为

根据行为的成立是否需要特定形式或实质要件,可以把法律行为分为要式行为和非要式行为。

要式行为,是指必须具备某种特定形式或必须遵守特定程序才能成立的法律行为。例如,票据行为就是法定要式行为。

非要式行为,是指无须具备特定形式或程序即能成立的法律行为。除法律特别规定或当事人特别约定外,法律行为均为非要式行为。

这一分类的意义在于判定法律行为的生效条件不同。

# 第九章

Chapter 9

# 法律关系

　　法律关系是法律和法学中的基本范畴。法律关系是法律调整范围和调整方式的具体化，是法在社会关系中的实现形式。只有通过法律关系，法律的作用和价值才能实现，法律秩序才能形成。一方面，法律规范通过权利义务调整机制使在法律规范产生之前就已经存在的社会关系法律化；另一方面，法律规范通过创设新的权利义务关系产生新的社会关系，为新的利益互动提供确认和保障。由此，在法律的运行过程中，法律确认和维护着现存的社会关系和社会秩序。法律关系的形成、变更与消灭意味着法律主体权利、义务的形成、变更与消灭，意味着法律所确认和保障的利益的动态变化。

## 第一节　法律关系释义

### 一、法律关系的概念

（一）法律关系的界定

　　在历史上，法律关系最早来源于罗马法之"法锁"（法律的锁链，juris vinculum）观念。法锁形象地描述了债作为私法关系存在的约束性和客观强制性,为近代法律关系理论的创立奠定了基础。按照罗马法的解释,"债"的意义表现在两个方面:一是债权人得请求他人为一定的给付;二是债务人应请求而为一定的给付。由此,债本质上是根据法律规定要求债务人为一定给付的法锁。然而,在罗马法上,法和权利、法律关系之间当时并没有明确的概念分界,也没有"法律关系"这样一个专门的法律术语。法律关系作为一个专门的法律术语始于19世纪,德国法学家萨维尼在1840年出版的《当代罗马法体系》中第一次对法律关系作了系统的理论阐述。后来,温德夏特、比尔林等人也对法律关系问题进行了论述。但是,人们对法律关系的概念有着不同的解释。萨维尼将法律关系界定为"由法律规则所决定的人与人之间的关系"。他认为,法律关系由两部分构成:第一部分为法律关系的实质要素——事实状态;第二部分为法律关系的形式要素,它使事实上升至法律层面。温德夏特认为法律关系是法律上规定的关系,它包括两种类型:一是由法律所设立的,如所有权关系;二是法律追究其法律后果的事实状态,如占有关系。比尔林则对两种学说进行综合,认为一切法律规范都在表述法律关系的内容,而法律关系的内容则包括一方的权利和另一方的义务。

后世学者在论述法律关系问题时多以比尔林的观点为基础。本书也采此通说,对法律关系的概念作如下界定:法律关系是法律规范在调整人的行为和社会关系的过程中形成的主体之间的权利义务关系。

(二)法律关系的特征

法律关系是社会生活关系的法律形式,作为一类特殊的社会关系,它具有如下三个特征:

第一,法律关系是根据法律规范建立的一种社会关系,具有法律性。这意味着:首先,法律关系的产生以法律规范的存在为前提,法律规范设定了法律关系的主体、客体及其权利义务内容,并设定法律关系产生、变更和消灭的条件。如果没有相应的法律规范的存在,就不可能产生法律关系。当然,在法律规范尚未存在时,某种社会关系可能已经存在,但是,此时它并不具有法律意义,只是一种不具有法律关系性质的单纯社会关系。例如,家庭生活中的婚姻关系、亲属关系,在法律尚未出现的原始社会就已经存在了,但是,这些社会关系在当时并不具有法律关系的性质。其次,法律关系是法律规范的实现形式,是法律规范的内容在现实社会生活中的具体实现。法律关系是法律规范对人们的行为及其相互关系加以调整而出现的一种状态,人们按照法律规范的要求行使权利、履行义务并由此而发生法律上的联系,产生了法律关系。最后,法律关系不同于法律规范调整或保护的社会关系本身。在此意义上可以说,法律关系是人与人之间的符合法律规范的关系。这是法律关系与其他社会关系的主要区别。

第二,法律关系以当事人之间法律上的权利和义务为内容。法律关系与其他类别的社会关系的重要区别就是,在法律化的社会关系中,当事人之间按照法律规范享有权利和履行义务。这种权利和义务可以是由法律明确规定的,也可以是由法律授权当事人在法律规定的范围内自行约定的。法律在当事人之间设定权利和义务,从而使他们之间的行为和要求具有法律意义,可以依法予以肯定或否定评价。被予以肯定评价的行为和要求会得到法律的支持和保护,被予以否定评价的行为和要求会受到法律的取缔甚至制裁。在法律规范中,主体的权利与义务只是主体可以做、应当做或禁止做的行为,只是一种应然性,而非现实性,并不表明主体实际上已经享有某种权利或承担某种义务。与之不同,在法律关系中,主体的权利与义务是现实的、具体的、统一的,一方的权利是另一方的义务。例如,甲和乙签订了一份买卖货物合同,双方形成买卖合同关系。买方对其所买货物有支付价款的义务,而卖方有收取买方价款的权利;卖方有交付买方其所卖货物的义务,而买方有获得其所买货物的权利。没有特定主体之间实际的权利义务,就没有法律关系的存在。

第三,法律关系以国家强制力为保障手段。从表面上看,法律关系体现的是一定主体之间的关系,然而实质上,法律关系在很大程度上体现的却是各类具体的社会主体与国家意志之间的某种关联。在法律规范中,关于一个人可以做什么、不得做什么和必须做什么的规定,是国家意志的体现,体现了国家对人的行为的态度。在根据法律规范形成法律关系时,就是法律从纸面上的抽象规定变成社会中现实秩序的一种状态。如果法律关系主体兑现自己的权利或义务,实际上就是体现国家意志的法律规范的实现;如果这种现实的权利、义务关系受到破坏,就意味着国家意志所授予的权利受到侵犯、国家意志所设定的义务被拒绝履行。一旦一种社会关系被纳入法律调整范围之内,国家意志就不会任由它被随意破坏,并且会利用国家强制力来加以保障。当然,当社会关系受到破坏时,国家强制力是否立即发挥作用,则取决于法律关系的性质。依据强制性规则形成的法律关系是受国家强制力直接保障的,而依据任意性规则形成的法律关系,在其受到破坏时,需要经由权利人的请求,国家强制力才会出现并发挥作用。

## 二、法律关系的分类

对法律关系进行分类,有助于我们了解不同法律关系的不同特征。依据不同的标准,可将法律关系作不同的分类。依据对应的法律规范所属法律部门的不同,法律关系可以分为宪法法律关系、民事法律关系、经济法律关系、行政法律关系、刑事法律关系、诉讼法律关系等;依据存在形态和内容的不同,法律关系可以分为一般法律关系和特殊法律关系、绝对法律关系和相对法律关系等。

1. 基本法律关系、普通法律关系和诉讼法律关系

按照法律关系产生所依据的法律规范的内容及性质的不同,法律关系可分为基本法律关系、普通法律关系和诉讼法律关系。

基本法律关系是由宪法或宪法性法律所确认或创立的、直接反映该国社会经济制度和政治制度基本性质的法律关系。基本法律关系主要包括公民与国家的关系、国家机构之间的关系、中央与地方的关系、民族之间的关系等内容。基本法律关系是社会中根本性的权利和义务关系,直接反映社会基本利益结构,并构成其他法律关系的基础。

普通法律关系是依据宪法和宪法性法律以外的实体法形成的、存在于各类权利主体和义务主体之间的法律关系。普通法律关系是由各种实体法加以调整的法律关系,它们构成全部法律关系的主干部分,是最为常见、数

量最大的法律关系。

诉讼法律关系是依据诉讼法律规范形成的、存在于诉讼程序之中的法律关系。诉讼法律关系是为了恢复或补救被破坏了的基本法律关系和普通法律关系而形成的特殊法律关系，对于维护法律秩序具有重要意义。

2. 平权型法律关系和隶属型法律关系

按照法律关系各主体间的法律地位是否平等，法律关系可分为平权型法律关系和隶属型法律关系。

平权型法律关系也称"横向法律关系"，是存在于法律地位平等的当事人之间的法律关系。在这种法律关系中，当事人之间不存在职务上的上下级关系，也不存在一方当事人可以依据职权而支配对方的情形；当事人之间的权利和义务内容可以协商，具有一定程度的任意性。民事法律关系是典型的平权型法律关系。

隶属型法律关系也称"纵向法律关系"，是指在不平等的法律主体之间建立的权力服从关系，一方当事人可依据职权直接要求他方当事人为或不为一定行为。隶属型法律关系存在于具有职务关系的上下级之间，也存在于依法享有管理职权的国家机构与在其管辖范围内的被管理主体之间。在这种法律关系中，法律主体之间的权利和义务具有强制性，不能随意转让和放弃。行政法律关系是典型的隶属型法律关系。

3. 绝对法律关系和相对法律关系

按法律关系主体是否完全特定化，可以把法律关系分为绝对法律关系和相对法律关系。

绝对法律关系是存在着特定的权利主体而没有特定的义务主体的法律关系。其特点是，只有权利主体是特定的、具体的，而义务主体则是不特定的、不具体的。绝对法律关系以"一个人对一切人"的形式表现出来，即一个特定的人与其他任何人之间的法律关系。最典型的绝对法律关系是所有权关系。例如，某房屋的所有权人是具体的，如属于张三，而义务人则是除了张三以外的一切人，他们都有义务不侵犯张三对该房屋的所有权。

相对法律关系是存在于特定的权利主体和特定的义务主体之间的法律关系。相对法律关系的特点是,参加法律关系的双方或数方均是特定的、具体的人,其表现形式是"某个人对某个人"。最典型的相对法律关系是债权关系,债权人享有请求他方为一定行为或不为一定行为的权利,他方负有满足该项请求的义务。

4. 调整性法律关系和保护性法律关系

按照法律关系中是否存在法律责任,法律关系可分为调整性法律关系和保护性法律关系。前者是基于合法行为产生的法律关系,后者是由于违法行为产生的法律关系。

调整性法律关系是存在于权利主体与义务主体之间的、尚未产生法律责任的法律关系。在调整性法律关系中,各方主体的行为均具有合法性;权利主体没有滥用权利,义务主体没有拒绝履行义务;法律关系处在原初状态,未曾被人为地破坏,不存在违法行为及其所引起的法律责任,也不需要对任何人实施法律制裁。例如,公民、法人、非法人组织之间依法建立的合同关系、继承关系等就属于调整性法律关系。产生这类法律关系的行为是符合法律规范的行为模式要求的,即这类法律关系的主体按照授权性、命令性和禁止性规范的要求行为,实现了法律所确认的内容。

保护性法律关系是在原有权利、义务受到破坏并产生法律责任的情况下形成的法律关系。当调整性法律关系被破坏,法律规范的内容不能正常实现时,为了排除障碍,保护性法律关系就成为必要。在保护性法律关系中,法律责任已经产生,当法律责任带有惩罚性时,法律制裁也会随之出现。保护性法律关系是由于滥用权利或不履行义务等违法行为而产生的,担负的是法的保护职能,体现的是法律规范的否定性后果(即法律责任),从而实现法的救济和保护功能。刑事法律关系是一种典型的保护性法律关系。

5. 单向法律关系、双向法律关系和多向法律关系

按照法律主体的多少以及权利义务是否一致,法律关系可分为单向法

律关系、双向法律关系和多向法律关系。

所谓单向(单务)法律关系,是指权利人仅享有权利,义务人仅履行义务,两者之间不存在相反的联系的法律关系,例如,在赠与关系中,赠与人有义务交付赠与物,而被赠与人有权利获得被赠与物。单向法律关系是法律关系体系中最基本的构成要素。其实,一切法律关系均可分解为单向的权利义务关系。

双向(双边)法律关系,是指在特定的双方法律主体之间存在着两个密不可分的单向权利义务关系,其中一方主体的权利对应着另一方主体的义务,反之亦然。例如,在买卖法律关系中,出让人交付标的物的义务对应着买受人取得标的物的权利,而买受人支付价款的义务对应着出让人取得价款的权利。

多向(多边)法律关系,又称"复合法律关系"或"复杂的法律关系",是三个或三个以上相关法律关系的复合体,其中既包括单向法律关系,也包括双向法律关系。例如,人事调动关系就至少包含三方面的关系。即调出单位与调入单位之间的关系、调出单位与被调动者之间的关系、调入单位与被调动者之间的关系。

6. 主法律关系和从法律关系

按照相关法律关系的不同作用和地位,可以将法律关系划分为主法律关系和从法律关系。

主法律关系,也称"第一性法律关系",是人们之间依法建立的、不依赖其他法律关系而独立存在的法律关系,或者说在多向法律关系中居于支配地位的法律关系。

从法律关系,也称"第二性法律关系",是由主法律关系(第一性法律关系)产生的、居于从属地位的法律关系。

一切相关的法律关系均有主次之分。例如,在调整性法律关系和保护性法律关系中,调整性法律关系是主法律关系(第一性法律关系),而保护性法律关系是从法律关系(第二性法律关系);在合同法律关系中,主合同关系是主法律关系,从合同关系是从法律关系。

## 第二节 法律关系的构成要素

任何法律关系都由主体、客体和内容三个要素构成。从一般意义上说,法律关系的内容是主体之间的权利和义务。[①] 有关权利义务的问题,后文有专章讲解,这里只分析法律关系的主体和客体。

### 一、法律关系的主体

法律关系主体是法律关系的参加者,即在法律关系中享有权利和履行义务的个人或组织。主体是法律关系的主导性因素,没有主体,法律关系就无从谈起。在很多情况下,主体直接决定着法律关系的形成、变更和消灭。例如,合同关系通常基于各方当事人意思表示一致而形成。法律关系的存在表现为主体依法享有、行使权利或者承担、履行义务。在一个具体的法律关系中,享有权利的主体为权利人,承担义务的主体为义务人,因此,法律关系主体又被称为"权利义务主体"。

(一)法律关系主体的种类

法律关系主体的种类、形式与一国的法律规定紧密相关。例如,在奴隶制社会,法律关系的主体是奴隶主与自由民,作为"会说话的工具",奴隶不是法律关系的主体。同时,基于不同的法律规范,法律关系主体有不同的称谓,如行为主体、责任主体、权利主体、义务主体等。在我国,根据法律的规定,法律关系主体主要包括下述两类:(1)自然人。是指有生命并具有法律人格的个人,是权利主体和义务主体最基本的形态,包括本国公民、外国人和无国籍人。(2)组织或拟制人。组织是指自然人为实现特定目的,依据特定规范结合而形成的结构体和功能体。有学者指出,"组织是有相对明确

---

① 童之伟教授认为,"法律关系内容权利义务说的一个不可弥补的缺陷是,它用作核心范畴的权利和义务概念涵盖不了真实的公法关系中的权力因素,因而只适用于解释私法关系,不能合理解释公法关系。"参见童之伟:《法律关系的内容重估和概念重整》,载《中国法学》1999年第6期。

的边界、规范的秩序(规则)、权威级层(等级)、沟通系统及成员协调系统(程序)的集合体"①。组织不是天然地具有法律人格,它来自法律的创制和认可,是一种基于自然人主体属性与功能的法律拟制。

根据不同的规范,组织可分为法人、非法人组织等。在民法上,法人是指具有法律人格,能够以自己的名义独立享有权利、承担义务的团体。关于法人的属性和功能,有法人拟制说和法人实在说,后者又分法人组织体说和法人有机体说等。法人可以自己的名义拥有财产,订立合同,行使权利,履行义务,起诉或应诉,基本上如同自然人一样进行活动。在我国的民事立法中,法人包括营利法人(包括有限责任公司、股份有限公司和其他企业法人等)、非营利法人(包括事业单位、社会团体、基金会、社会服务机构等)、特别法人(包括机关法人、农村集体经济组织法人、城镇农村的合作经济组织法人、基层群众性自治组织法人)等。

在刑法中,行为主体分为自然人和单位。此处的行为主体是指犯罪行为主体。在行政法中,行政法主体即行政法律关系的主体(当事人),是受行政法调整和支配的有关组织和个人,包括处于管理一方的行政主体和被管理一方的行政相对人。从类型上,包括行政组织、其他组织、企事业单位和社会团体、公民。行政法主体区别于行政主体,后者是享有国家行政权,在行政管理活动中行使行政权并能够独立承担法律责任的组织。②

作为一个整体,国家是某些重要法律关系的参加者。在国际法上,国家作为主权者是国际公法关系的主体,可以成为国际经贸关系中的债权人和债务人。在国内法上,国家作为法律关系主体的地位比较特殊,不同于自然人和法人,在我国,国家是土地、森林、矿藏、水流、草原等国有财产的唯一所有者。国家可以以自己的名义参加国内法律关系(如发行国库券),但在多数情况下由国家机关或授权组织作为代表参加法律关系。

---

① 〔美〕理查德·H. 霍尔:《组织:结构、过程与结果(第8版)》,张友星等译,上海财经大学出版社2003年版,第35页。

② 参见罗豪才、湛中乐主编:《行政法学(第四版)》,北京大学出版社2016年版,第49页。胡建淼:《行政法学(第四版)》,法律出版社2015年版,第67页。

### 示例 9-1

#### 《民法典》关于法律关系主体的规定

第二条 民法调整平等主体的自然人、法人和非法人组织之间的人身关系和财产关系。

第十七条 十八周岁以上的自然人为成年人。不满十八周岁的自然人为未成年人。

第十八条 成年人为完全民事行为能力人,可以独立实施民事法律行为。

十六周岁以上的未成年人,以自己的劳动收入为主要生活来源的,视为完全民事行为能力人。

第十九条 八周岁以上的未成年人为限制民事行为能力人,实施民事法律行为由其法定代理人代理或者经其法定代理人同意、追认;但是,可以独立实施纯获利益的民事法律行为或者与其年龄、智力相适应的民事法律行为。

第二十条 不满八周岁的未成年人为无民事行为能力人,由其法定代理人代理实施民事法律行为。

第二十一条 不能辨认自己行为的成年人为无民事行为能力人,由其法定代理人代理实施民事法律行为。

八周岁以上的未成年人不能辨认自己行为的,适用前款规定。

第二十二条 不能完全辨认自己行为的成年人为限制民事行为能力人,实施民事法律行为由其法定代理人代理或者经其法定代理人同意、追认;但是,可以独立实施纯获利益的民事法律行为或者与其智力、精神健康状况相适应的民事法律行为。

第五十四条 自然人从事工商业经营,经依法登记,为个体工商户。个体工商户可以起字号。

第五十五条 农村集体经济组织的成员,依法取得农村土地承包经营权,从事家庭承包经营的,为农村承包经营户。

第五十七条 法人是具有民事权利能力和民事行为能力,依法独立享有民事权利和承担民事义务的组织。

第一百零二条 非法人组织是不具有法人资格,但是能够依法以自己的名义从事民事活动的组织。

非法人组织包括个人独资企业、合伙企业、不具有法人资格的专业服务机构等。

### 示例 9-2

#### 《刑法》关于犯罪主体的规定

第十七条 已满十六周岁的人犯罪,应当负刑事责任。

已满十四周岁不满十六周岁的人,犯故意杀人、故意伤害致人重伤或者死亡、强奸、抢劫、贩卖毒品、放火、爆炸、投放危险物质罪的,应当负刑事责任。

已满十二周岁不满十四周岁的人,犯故意杀人、故意伤害罪,致人死亡或者以特别残忍手段致人重伤造成严重残疾,情节恶劣,经最高人民检察院核准追诉的,应当负刑事责任。

对依照前三款规定追究刑事责任的不满十八周岁的人,应当从轻或者减轻处罚。

因不满十六周岁不予刑事处罚的,责令其父母或者其他监护人加以管教;在必要的时候,依法进行专门矫治教育。

### (二)法律关系主体的资格与能力

法律关系主体必须在法律上具有参与法律关系(即权利义务关系)的资格,同时也要具备以自己为主体直接参与法律关系的能力。法律中,此种资格和能力分别叫作"权利能力"和"行为能力"。参加任何法律关系都必须具有权利能力,还要求具有行为能力。①

1. 权利能力

法律关系主体的权利能力,是指由法律确认的享有权利或承担义务的资格。权利能力是参加任何法律关系都必须具备的前提条件。不具有权利能力,就意味着没有资格享有权利,甚至没有资格承担义务。

权利能力是法律人格的同义词,其本质是一种意志能力和理性能力。"人格"(persona)这个概念,最初是指舞台上角色所戴的面具,后用来指个体在一个共同体中所扮演的角色。从人类历史上看,自然人在法律上作为人被对待,也就是具有法律上的人的资格并非自始就有。从现实层面看,人与人存在着诸多的差异,这些差异能否影响法律上做人的资格,是需要给予明确的。所以说,权利能力解决的是"谁可以成为权利和义务主体"的问题。一个生物学意义上的人具有法律人格,即从个人到转变为人格体(主体)的关键在于其得到共同体(所持有的法律规范)的承认。这个承认或确认过程的核心在于把人的理性和自由意志作为标准。②

法学界主流观点把自然人的权利能力分为一般权利能力和特殊权利能力两类。一般权利能力为所有公民普遍享有,始于出生,终于死亡,如人身不受非法侵犯的权利能力。在有的法律关系中,比如继承、赠与等,权利能力可能发生在自然人出生之前;而在另一些特别的法律关系如著作权或其他知识产权之类的法律关系中,权利能力可以延续至自然人死亡之后。特殊权利能力只有满足一定的法律事实条件才能享有,如参加选举的权利能

---

① 姚建宗教授认为,"权利能力"这一概念的出现是基于主体在法律地位和法律权利上的不平等这一事实,而在现代民主法治社会中,公民的法律地位及其获得相应法律权利的资格是平等的,所谓特殊权利能力只是自然人在行使其相关权利时的限制条件,属于自然人在作为法律关系主体时的"行为能力"。基于此种理由,"法律关系主体的'权利能力'无论在理论上、逻辑上还是在实践上都已经失去了存在的任何'合法'而'正当'的理由,早已经为现代社会的时代潮流在事实上所抛弃,因此,在自然人作为法律关系主体时,我主张在法律的理论和实践中放弃这一'权利能力'概念,如此,则'行为能力'概念也就自然应当放弃了。"参见姚建宗编著:《法理学:一般法律科学》,中国政法大学出版社 2006 年版,第 201 页。

② 参见沈建峰:《权利能力概念的形成和变迁》,载《北方法学》2011 年第 3 期。

力须以达到法定年龄为条件。

法人的权利能力始于法人依法成立,终于法人解散或撤销。法人权利能力的内容和范围与法人成立的目的直接相关,并由有关法律和法人组织的章程加以规定,一般不得超出法人设立的宗旨和业务范围。

2. 行为能力

法律关系主体的行为能力,是法律所承认的,法律关系主体通过自己的行为行使权利和履行义务的能力。具有行为能力,就意味着法律允许权利主体和义务主体独立地以自己的名义参加法律关系,行使自己的权利或履行自己的义务。

行为能力,是法律所承认的行为人对自己行为及其后果的正常识别、控制并由此而独立作为或不作为的能力。判断行为人是否具有行为能力的标准有两个:(1)能否认识自己行为的性质、意义和后果;(2)能否控制自己的行为并对自己的行为负责。这两条标准通常与行为人的年龄和精神健康状况紧密相关。通观各国,一般把行为能力划分为三类:第一类为完全行为能力人,指已经成年且神智正常之人,他们可以独立地处分自己的一切权利和义务。第二类为限制行为能力人,指尚未成年但已满一定年龄的人和患有某种精神疾病但尚具有一定识别、控制能力的人,他们只能独立处分与其能力相适应的权利和义务。第三类为无行为能力人,指尚未达到一定年龄的幼童和完全丧失识别、控制能力的精神病人,他们自行处分自己权利和义务的行为,在法律上均为无效。

当然,对于以上三类具有不同行为能力状况的自然人,各国的规定存在差别。我国《民法典》规定,十八周岁以上的自然人是成年人,具有完全行为能力,可以独立进行民事活动。十六周岁以上不满十八周岁的未成年人,以自己的劳动收入为主要生活来源的,视为完全行为能力人。八周岁以上的未成年人以及不能完全辨认自己行为的精神病人是限制民事行为能力人,可以进行与其年龄、智力相适应的民事活动。不满八周岁的未成年人和不能辨认自己行为的精神病人是无民事行为能力人。

法人也具有行为能力,但法人的行为能力不同于自然人的行为能力。

其一,自然人的行为能力有完全、不完全和有无之分,而法人的行为能力总是受制于其成立宗旨和业务范围。其二,自然人的权利能力和行为能力并不总是一致的,而法人却不存在智力年龄过小和患有精神疾病的问题,其行为能力与权利能力是一致的。法人一经依法成立,就同时具有权利能力和行为能力;法人一旦终止,其权利能力和行为能力同时消灭。

此外,作为判定主体是否有能力参与法律关系的前提,与行为能力相关,在公法领域或保护性法律关系中多使用"责任能力"这一概念。责任能力是行为人对违法行为后果承担法律责任的能力。责任能力是行为能力在保护性法律关系中的特殊表现。对责任能力的判断,同样要考虑责任主体的辨认和控制自己行为的能力。

## 二、法律关系的客体

法律关系客体是法律关系主体的权利和义务所指向的共同对象,又称"权利客体和义务客体"。客体是联系主体之间权利和义务的纽带,没有客体,主体之间的权利和义务就失去了目标,法律关系也就不复存在。

在每一个法律关系中,权利客体和义务客体都是重合的,具有一致性。例如,甲、乙之间的关于买卖电脑的法律关系:买方甲的义务是支付电脑的价款,权利是取得电脑所有权;卖方乙的义务是交付电脑,权利是取得价款。电脑和价款即买卖双方权利义务指向的共同对象,由此才能在甲、乙之间形成买卖电脑的法律关系。假设甲专为买电脑持款而至,而乙却欲以一电视机售之,则双方权利和义务所指向的对象不具有一致性,此买卖电脑的法律关系便难以成立。

法律关系客体是一个历史的概念,随着社会历史的不断发展,其范围、形式和类型也不断地变化。总体看来,由于权利和义务类型的不断丰富,法律关系客体的范围和种类有不断扩大和增多的趋势。但是,能够作为法律关系客体的事物通常具有下列特性:第一,有用性,能够满足人们的某种需要,因而被认为具有价值;第二,稀缺性,不能被需要它的一切人毫无代价地占有、利用;第三,可控性,可以被需要它的人为一定目的而加

以占有和利用。具体而言,在现代法律制度中,法律关系客体主要有如下几类[①]:

(一) 物

作为法律关系客体的物,是主体可以支配的、具有一定价值的客观物体。包括一切可以成为财产权利对象的自然物和人造物,如水、电脑等。可以是天然物,也可以是生产物;可以是活体物,也可以是非活体物。

作为法律关系客体的物与物理意义上的物既有联系又有区别,物理意义上的物要成为法律关系的客体,必须满足下述条件:(1) 应得到法律的认可;(2) 可为人类所认识和控制,人类无法认识和控制的自然物(如地球以外的天体)不能成为法律关系的客体;(3) 能够给人们带来某种物质利益,具有经济价值;(4) 须具有独立性。需要注意的是,不可分离之物(如道路上的沥青、桥梁之构造物、房屋之门窗)一般不能脱离主物,故不能单独作为法律关系客体存在。

根据我国法律规定,大部分天然物和生产物可以成为法律关系的客体。但是,下列物不得进入国内商品流通领域,成为私人法律关系的客体:(1) 人类公共之物或国家专有之物,如海洋、山川、水流、空气;(2) 文物;(3) 军事设施、武器(枪支、弹药等);(4) 危害人类之物(如毒品、假药、淫秽书籍等)。

(二) 行为

作为法律关系客体的行为,指的是权利主体的权利和义务主体的义务所共同指向的作为和不作为。作为法律关系客体的行为是特定的,即义务主体通过作为或不作为从而满足权利主体的权利要求。

作为是主体积极主动实施的行为,通常被称为"积极作为",如父母根据法律要求抚养、教育子女的行为;不作为是指行为人负有实施某种积极行为

---

[①] 姚建宗教授认为,法律关系的客体是利益,物、行为、智力成果、人身利益等只是具体的法律关系的"客体"的"具体的外在表现形式"。参见姚建宗编著:《法理学:一般法律科学》,中国政法大学出版社2006年版,第202—205页。

的特定的法律义务,并且能够实行而不实行的行为,通常被称为"消极不作为",如父母应当抚养、教育子女而不抚养、教育子女。

(三) 精神产品

精神产品也称"无体财产"或"智力成果",是人通过某种载体记载并加以流传的思维成果,如文学作品、科技发明、商标、创意等。

现代社会,精神产品(智力成果)范围颇为广泛,包括各种科技发明、商标设计、文艺作品、技术成果、学术成果等。它们是与人身利益相联系的非物质财富,表现为发现权、发明权、专利权、商标权、著作权等,都属于可作为法律关系客体的精神产品。一方面,精神产品不同于有体物,其价值存在于物种所承载的信息、知识、技术、标识、符号等精神文化;另一方面,精神产品又不同于人的主观精神活动本身,而是精神活动的物化与固定化。

(四) 人身利益

法律上的人是由人身、人格、人的活动构成的复合体,是由各个器官组成的生理整体。人身既是人的物质形态,也是人的精神利益的体现。传统观念并不认为人身是法律关系的客体,通常认为"人"只能是法律关系的主体。随着现代科技和医学的发展,输血、植皮、器官移植、精子提取等现象大量出现,同时也产生了此类交易买卖活动,带来了一系列法律问题。由此,人身不仅是人作为法律关系主体的承载者,而且在一定范围内成为法律关系的客体。

但是,人身利益作为法律关系的客体时必须注意:(1) 活人的整个身体,不得视为法律上之"物",不能作为物权、债权和继承权的客体,禁止任何人(包括本人)将整个身体作为"物"参与有偿的经济法律活动,不得转让或买卖。贩卖或拐卖人口是法律禁止的犯罪行为,应受到法律的制裁。(2) 权利人对自己的人身不得进行违法的或有伤风化的活动,不得滥用人身,不得自践人身或人格。例如,卖淫、自杀、自残等行为是法律不提倡甚至制裁的行为。(3) 对人身行使权利时必须严格依法进行,不得超出法律的授权,严禁对他人的人身非法强行行使权利。例如,有监护权的父母不得虐待未成年子女的人身。

人身的组成部分(器官、血液、皮肤等)能否成为法律关系的客体？是属于法律意义上的人身还是"物"？需要从三个层面分析：(1)未脱离人身整体的器官、血液、皮肤等，属于人身；(2)器官、血液、皮肤等从人身分离后，已经成为独立于人身存在的外界之物，可以看作法律上的物；(3)当器官植入他人身体时，便成为他人人身的组成部分。

## 第三节 法律关系的产生、变更和消灭

### 一、法律关系产生、变更和消灭的条件

法律关系处在不断生成、变更和消灭的运动过程中。法律关系的产生是指主体之间产生了权利、义务关系，变更是指法律关系的主体、客体或内容(权利和义务)发生了变化，而消灭则是指主体间的权利和义务完全终止。法律关系的产生、变更和消灭需要具备下述两个条件：

第一，法律规范。法律规范是法律关系产生、变更和消灭的法律依据，没有一定的法律规范，就不会有相应的法律关系。法律规范是法律关系变动(产生、变更或消灭)的抽象性条件。

第二，法律事实。法律事实是法律规范规定的、能够引起法律关系产生、变更和消灭的各种事实的总称。法律事实是法律关系变动的具体性条件，由法律规范加以规定，并且能够引起法律后果的发生。与人类生活无直接关系的纯粹的客观现象(如宇宙天体的运行)不是法律事实。

法律规范的规定只是主体权利和义务关系的假定模式，还不是现实的法律关系本身。法律关系的产生、变更和消灭，还需要直接的条件来推动，这就是发生在社会中的一些行为和事件，即法律事实。法律事实是具体推动法律关系产生、变更和消灭的直接条件，也是法律规范与法律关系的中间环节和桥梁。因此，法律关系产生、变更和消灭的条件可以概括为：由法律

规范加以规定的法律事实。

## 二、法律事实的种类

在法律实践中,法律事实多种多样,我们可以根据不同的标准将其划分为不同的种类。

1. 法律事件和法律行为

这是根据法律事实的发生是否以人的意志为转移所进行的分类。

法律事件是法律规范规定的、该事件之发生不以当事人的意志为转移并引起法律关系形成、变更或消灭的客观事实。法律事件包括社会事件(如战争、社会革命)和自然事件(如自然灾害、生老病死)。

法律行为是指与当事人的意志有关的能够引起法律关系的产生、变更或消灭的作为与不作为。当事人既无故意也无过失,而是由于不可抗力或不可预见的原因引起某种法律后果的,在法律上不被视为法律行为,而是意外事件。

2. 肯定式法律事实和否定式法律事实

这是根据法律事实的存在形式所作的分类。

肯定式法律事实又称"确认式法律事实",是指只有当这种法律事实存在时,才能引起法律后果的事实。例如,达到法定婚龄,男女双方完全自愿,符合一夫一妻制,这三个法律事实都出现,才可能引起结婚这一法律后果(形成婚姻关系)的出现。

否定式法律事实又称"排除式法律事实",是指当只有这一事实不存在时,才能引起法律后果的事实。例如,直系血亲和三代以内的旁系血亲禁止结婚。

3. 单一的法律事实和事实构成

这是根据引起法律后果所需的法律事实的数量所作的分类。

单一的法律事实是无须其他事实出现就能单独引起某种法律关系变动的法律事实。例如,出生是建立父母与子女间法律关系的单一法律事实。

又如，死亡和放弃债权等，都是单一的法律事实，这种事实一旦出现，就会引起法律上的后果。

事实构成是法律事实的复数存在形式，具体表现为同一法律事实引起多种法律关系的产生、变更或消灭，或者多个法律事实引起同一法律关系的产生、变更或消灭。前者如工伤致死，不仅可以导致劳动关系、婚姻关系的消灭，而且也会导致劳动保险合同关系、继承关系的产生；后者如遗嘱继承法律关系的产生，须有被继承人死亡以及其立有遗嘱这两个法律事实，缺一不可。

# 第十章
Chapter 10

# 权利原理

权利和义务是法律实践和法学研究中最基础的概念和范畴,是"法学的中心范畴"①。如果说规范构成法律的外观形式,那么权利和义务则构成法律的基本内容。以权利和义务作为利益换算方式和利益传递方式,进而调整人的行为与社会关系,这是法律区别于其他社会规范的基本特征。法律是(经由调整人的行为和社会关系进而)调整利益的社会规范,这种调整是通过权利和义务来实现的,其中权利被视为经由权利人的意志实现特定利益的手段。从立法方面看,以法律规则为主体的法律规范的设定,其内容或直接或间接地指向权利和义务,其发生学的逻辑为"利益→意志→权利→法律"。从法律运行或法律作用方面看,立法、守法、执法、司法、法律监督等法律运行的任何环节,都围绕着权利和义务展开,"法律→权利→意志→利益"体现了法律作用和目的的实现。②

---

① 张文显:《法哲学范畴研究(修订版)》,中国政法大学出版社 2001 年版,第 281 页。

② 基于本书定位,本章关于权利的讲解,是从法律层面总结出来的有关权利现象的一般性陈述,是对实定法上权利表达的经验性概括,是从权利事实中归纳出来的共性描述,不涉及权利在发生学和伦理学层面的分析与论证。后者分别属于权利哲学和法哲学的内容。

# 第十章 权利原理

## 第一节 权利释义

### 一、权利的用语

尽管思想因子与相关实践起源很早,但根据陈弘毅教授的研究,"权利"(right)这个词语是现代文明的产物,"权利现象可以被理解为是从传统社会过渡到市场资本主义的产物"。古希腊没有表达权利的概念。到了罗马时期,罗马私法对契约和财产交易中的私利的性质、范围和实现作了阐释,"从把权利说成是道德上合理的主张,到从法律上承认物质私利,罗马法学含有对个人权利的有力的、尽管是默示而不是明示的肯定"。[①]

现代欧洲的权利概念来源于中世纪对"*ius*"(系英语单词 jus 的拉丁语写法)一词含义和用法的扩大和修改,"与有关财产的持有、使用和所有权的讨论"有关。[②] 一般认为,意大利政治理论家帕多瓦的马西利乌斯在 1324 年出版的《和平的保卫者》一书中首次区分了 *ius*(法)的两种意义。在第一种意义上,*ius* 与 *lex*(法律)的意思是一样的,*lex* 是对处于人的意志控制之下的行为的要求、禁止或者允许。在第二种意义上,*ius* 是指人们自愿的行为、力量或生成的习惯,只要与第一种意义上的 *ius* 一致,此时就可以说这是某人的 *ius*。[③]

欧洲启蒙时代,权利开始区别于神学主宰的法律而具有独立的语义。启蒙思想家所阐释的权利概念以人的自由理性为本质特征,以权利所蕴含的人的自由意志来界定权利的本质。当时,权利理论的典型形式是自然权利理论。因而,权利成为"自然权利",被用来指人类所具有的一种属性。依

---

[①] 参见陈弘毅:《权利的兴起:对几种文明的比较研究》,载《外国法译评》1996 年第 4 期。

[②] 同上。

[③] 参见方新军:《为权利的意志说正名——一个类型化的视角》,载《法制与社会发展》2010 年第 6 期。

此属性,人应当拥有某种东西,能够做或不做某些事而不被外力干扰。① 到了 17 世纪,弗朗西斯科·苏亚雷斯(Francisco Suarez)、格老秀斯的著作中已经有了现代语言意义上关于权利的表述。苏亚雷斯指出,jus 一词严格、恰当的含义应当是"每个人对与他所应当属于他的东西的一种道德力量"②,这已经十分接近现代意义上的权利概念。格老秀斯指出,除了"正当的事情"之外,jus 的另一个含义就是"一种使得人们能够拥有或做正当的事情的道德上的'资格'"。③ 霍布斯和斯宾诺莎都把权利看作一种免受干扰的条件,是法律上不干扰人类的自然自由。霍布斯、洛克有关社会契约论的基础就是个人有自我保护或生存、自由以及获取财产的权利。④

英文中的 right 表示权利,同时也指"作为一切权利基础的抽象意义的法"⑤。据考证,自 9 世纪起,right 的核心意思就是"直"和"尺度",从中可以引申出"正当"的含义。right 有两个层面的意义:一是法律,指向确认合法的权利和利益;二是将具体层面的权益上升或转化为尊重人的自主性。也就是说,凡基于个人自主的行为即为正当,由此权利具有了正当、正确的含义。⑥ 在现代政治哲学与法律哲学中,right 表达了一种利益得到法律支持和保护的制度性安排,或表达一种关于制度安排应该建立并得到维护和尊重的正当合理要求,或者是支持正当合理要求的道德原则。⑦除此之外,法

---

① 参见朱庆育:《民法总论(第二版)》,北京大学出版社 2016 年版,第 497 页。
② 王涌:《私权的分析与建构:民法的分析法学基础》,北京大学出版社 2020 年版,第 38 页。
③ 王涌教授指出,格老秀斯关于 jus"资格"涵义的分析已经具有了权利的含义。参见王涌:《私权的分析与建构:民法的分析法学基础》,北京大学出版社 2020 年版,第 38 页。
④ 参见陈弘毅:《权利的兴起:对几种文明的比较研究》,载《外国法译评》1996 年第 4 期。
⑤ 梁治平:《法辨:中国法的过去、现在与未来》,中国政法大学出版社 2002 年版,第 64 页。
⑥ 参见金观涛、刘青峰:《观念史研究:中国现代重要政治术语的形成》,法律出版社 2009 年版,第 103—104 页。
⑦ 参见〔英〕戴维·米勒、韦农·波格丹诺主编:《布莱克维尔政治学百科全书(修订版)》,邓正来译,中国政法大学出版社 2002 年版,第 711 页。

文 droit、德文 Recht、意大利文 diritto 等词除了有"法"的含义外,还兼有权利等内涵,权利与法之间互为表彰。

在古汉语中,"权利"一词系"权"和"利"的组合使用,它有两个意思:(1)权势和财货。《荀子·劝学》中说:"君子知夫不全不粹之不足以为美也……是故权利不能倾也,群众不能移也。"《盐铁论·轻重》中说:"礼仪者,国之基也。而权利者,政之残也。"《后汉书·董卓列传》中说:"遂等稍争权利,更相杀害,其诸部曲并各离乖。"明方孝孺《崔浩》中说:"弃三万户而不受,辞权利而不居,可谓无欲矣。"《旧唐书·崔从传》中说:"从少以贞晦恭让自处,不交权利,忠厚方严,正人多所推仰。"(2)权衡利害。《商君书·算地》中说:"夫民之情,朴则生劳而易力,穷则生知而权利。易力则轻死而乐用,权利则畏法而易苦。"

用"权利"一词对译 right,始见于美籍传教士丁韪良 1864 年翻译的《万国公法》。关于近代中文用"权利"一词翻译 rights 的原因,有学者指出,这是为了表达 rights 在法律含义中对国家或个人的权力和利益两方面的界定。[①] 但是,从"权利"一词的传统语义来看,它与今天法律意义上的"权利"的含义相去甚远。

## 二、权利的本质

权利是法学、政治学和伦理学等社会科学领域最基础也是最重要的概念,是人们在生活实践的诸多不同语境中经常使用的一个词语。现代意义上的权利概念,语义大致包括两个基本要素,一是正当的,二是私人利益,完整含义就是"正当的私人利益"。基于不同的立场、视角,围绕权利的使用语境、定义策略和本质内容,逐渐形成有关权利的不同理解。

(一)权利的使用语境

从语境上看,权利大体上有三种使用方式:

---

[①] 参见金观涛、刘青峰:《观念史研究:中国现代重要政治术语的形成》,法律出版社 2009 年版,第 111 页。

第一,用来描述一种制度安排。在这种制度下,利益得到法律的保护,个人的选择具有法律效力,资源在有保障的基础上提供给个人。

第二,表达一种正当合理的要求。即保障利益的制度安排应该建立并得到尊重和维护。

第三,表现正当合理要求的一种特定的正当理由,一种基本的道德原则。

在第一种使用方式上,权利是法律权利,后两者则是道德权利,而"人权"(human rights)则是在三者意义上讲的。

(二)权利的本质

关于权利的本质,学界存在意志理论和利益理论两个比较大的学说阵营。意志理论认为,权利的本质在于对权利人自由意志或个人选择的规范保护。利益理论认为,权利的基础是利益,权利来源于利益要求,是法律承认和保障的利益。

意志理论的代表性人物是伊曼纽尔·康德(Immanuel Kant)[①]。康德认为,权利是任何人的意志都能够根据自由的普遍法则与他人的意志相协调的整体条件。康德把权利看成一种渊源于人的自由本性的东西。在康德看来,自由的本质不在于做他想要去做的事情,而在于一种脱离自然因果性的自发性。权利必然以某种共同体的存在以及其成员之间的共存为前提性条件。在康德看来,"根据自由的一般法则,权利是表示任何一个人的自由行为都能与其他任何一个人的自由行为共存的条件的总和"[②]。权利所涉及的不是法律主体彼此之间的内部意志关系,而是通过行为联结的意志外化及实践关系。权利表现的是意志支配的行为自由。受康德意志理论影响,

---

[①] 伊曼纽尔·康德(1724—1804),德国古典哲学创始人,德国思想界的代表人物,被认为是继苏格拉底、柏拉图和亚里士多德之后,西方最具影响力的思想家之一,是启蒙运动时期最主要哲学家之一。著有《纯粹理性批判》《实践理性批判》和《判断力批判》等经典著作。

[②] 〔英〕戴维·M.沃克:《牛津法律大辞典》,北京社会与科技发展研究所组织翻译,光明日报出版社1988年版,第503页。

萨维尼等普遍将权利本质归结为自由意志。① 哈特的意志理论认为，土地所有者的合法权利的功能在于赋予其法律所认可的权利，去免除或不免除其他人不得进入其领地的义务，"有权利的人拥有受法律尊重的选择"②。

利益理论的代表性人物是耶林③。耶林认为，权利的本质在于规范保护的利益，意志不是权利产生的原因，相反，权利是意志的前提。利益理论认为，只有在某人的利益本身被认为足以证明别人有义务以某种形式促进这种利益时，才可以说他拥有这项权利。权利的基础是利益，权利来源于利益要求，是法律承认和保障的利益。边沁把利益看作权利的本质，把权利置于现实的利益关系中来理解，认为权利对于享有权利的人来说就是利益和好处。正是在利益的基础上功利主义与权利概念结合起来。奥斯丁也认为，权利的特质就在于给予所有者以利益。密尔指出，拥有权利就是要求社会提供应有的保护，这些要保护的东西就是利益。所谓法律权利或人权的东西，可以用分析的眼光视为对这些基本的法律关系中任何一部分或全部的复杂组合，一种权利要求（claim-rights）意味着一个人对其他人或整体意义上的人民负有一种义务，它表达了个人权利与他人所承担的义务之间的关系。④ 甲有权利获得某种东西，恰恰说明乙有义务为甲提供这种东西，具有权利的人是别人义务的预定受益者。但是，正如有批评者所指出的，"只有能够拥有利益，才是权利持有者的候选人，但在有利益存在的范畴内，利益理论本身并没有划定任何界限"⑤。那么，诸如动物是否有权利等问题就

---

① 参见吴彦：《法、自由与强制力：康德法哲学导论》，商务印书馆 2016 年版，第四章。
② 〔英〕莱夫·韦纳：《权利分析》，孟媛媛译，载朱振等编译：《权利理论》，上海三联书店 2020 年版，第 153 页。
③ 鲁道夫·冯·耶林（1818—1892），19 世纪德国法哲学家，利益法学派的创始人，把功利主义思想融入法律理论之中，对法律形式主义和概念法学提出了批评。代表作有《罗马法精神》《为权利而斗争》等。
④ 参见〔英〕戴维·米勒、韦农·波格丹诺主编：《布莱克维尔政治学百科全书（修订版）》，邓正来译，中国政法大学出版社 2002 年版，第 711 页。
⑤ 〔美〕威廉·A. 埃德蒙森：《权利导论（第二版）》，侯学宾译，商务印书馆 2023 年版，第 143 页。

需要解释。同时,不同主体之间的利益如何取舍也成为问题。

### 三、权利的概念

大体上说,有关权利概念的解释可以分为本质论和方法论两种不同的策略。本质主义的概念策略试图在权利概念的背后寻找一个对应存在的本质,并且认为这一本质是权利的内核或内在规定性存在。方法论层面的概念策略是,厘清权利的语义指向,强调在实践中权利具有何种功能。

第一,本质主义的权利概念认为,权利这一概念所表征的事物具有一个形而上的本质。这一本质,在康德看来是人的自由意志,在耶林看来是法律上的利益。除此之外,还有资格说、[①]自由说等。根据资格说,一个人只有被赋予某种资格,才具有权利主体的身份,才能向他人提出作为或不作为的主张。

第二,语义分析或方法论层面的权利理论认为,把权利的目的论与权利的形式论混为一谈是不合适的。在分析法学家看来,权利本身不是利益,它是保障利益的一种方法或技术。[②]在斯堪的纳维亚法学家艾克劳夫看来,权利概念的基本功能在于简化法律推理的过程,权利是一个极其实用的工具,"它是使法律条件与法律效果相结合的离合器之轴"[③]。而在凯尔森看来,权利是发起义务履行要求或启动法律制裁的技术。[④]

综合相关理论并在法律上对其进行简洁化处理,可以把权利界定为:权

---

[①] 英国法学家米尔恩指出,"权利概念之要义是资格。说你对某物享有权利,是说你有资格享有它……如果你有资格享有某物,那么,因他人的作为或不作为而否认你享有它,就是不正当的。他人因你享有它而使你陷入不利或使你受难,也是不正当的。此乃资格应有之义。"参见〔英〕A. J. M. 米尔恩:《人的权利与人的多样性——人权哲学》,夏勇、张志铭译,中国大百科全书出版社1995年版,第111页。

[②] 参见王涌:《私权的分析与建构:民法的分析法学基础》,北京大学出版社2020年版,第43页。

[③] 转引自〔瑞典〕斯蒂格·斯特隆姆霍尔姆:《斯堪的纳维亚的法哲学》,李泽锐译,载《环球法律评论》1982年第1期。

[④] 参见〔奥〕凯尔森:《法与国家的一般理论》,沈宗灵译,中国大百科全书出版社1996年版,第91—95页。

利是规定或隐含在法律规范中、实现于法律关系中的主体以相对自由的作为或不作为的方式获得利益的一种手段。由此,可以把作为权利之对应性存在的义务定义为:义务是设定或隐含在法律规范中、实现于法律关系中的主体以作为或不作为的方式保障权利主体获得利益的一种约束手段。具体而言,可以把权利分解为下列四个要素:

第一,利益。利益是权利的内容和目的,权利是利益的表现形式和实现手段。权利是受法律保障的利益,权利主体行使权利的行为指向的是利益。

第二,意志。权利上的意志是指权利主体行使权利所需要的自由。权利的功能在于保障个人意志自由的实现。这里需要注意的是,认可主体的意志自由不代表法律和实证权利放任某种形式的权利侵害(如受害人同意的伤害),也不代表法律和实证权利基于认知和行动能力而限制部分主体(如未成年人等缺乏自主意识的人)成为权利主体。

第三,权能。权能是指权利主体为实现其权利指向的利益所具有的能力和手段,是法律赋予和保障权利主体的支配力。

第四,规范基础。"存在一项对某事的权利,就必定存在确定某种条件并宣布所有的、并且只有符合这些条件的人才有资格享有它的规则和原则。"[1]现代权利是法律权利,是规定或隐含在法律规范中的权利。权利具有法定性,权利的内容以及权利的行使均以法律为规范基础。

## 第二节 权利与权力

### 一、权力概念的一般描述

权力(power)是政治学、社会学和法学等社会科学领域中的一个重要概

---

[1] 〔英〕A. J. M. 米尔恩:《人的权利与人的多样性——人权哲学》,夏勇、张志铭译,中国大百科全书出版社 1995 年版,第 127 页。

念,是一个"在本质上有争议的概念"。也有学者认为它是一个"家族相似性概念",具有多重含义,具有家族的相似性和聚合性。① 事实上,权力的含义和适用标准始终存在着争议。② 权力与权威、暴力、强制、力量等概念和因素相关,但它们之间具有本质的区别。③

在一般语境中,权力是指行为者或者机构影响其他行为者或者机构的态度和行为的能力。④ power 的拉丁文是 *potentia* 或 *potestas*,含义是指能力,前者是影响他人或其他事物的能力,后者还具有协同行动所具有的特殊能力等含义。⑤

在阐述权力内涵的诸多方案中,马克斯·韦伯的定义影响力最大。他认为,权力是指"行动者在一个社会关系中,可以排除抗拒以贯彻其意志的机会,而不论这种机会的基础是什么"⑥。韦伯的观点以及以韦伯观点为方法论基础的学者关于权力内涵的讨论,其立场基本上以行动者之间的潜在冲突为基础,关注行动者在同其他行动者的潜在冲突中完成其目标的能力,以及为了达到目标而必须克服相对行动者可能的抵抗。这是一种基于个体

---

① 参见丁延龄:《权力:一种"本质上争议的概念"还是"家族相似性概念"?》,载《法制与社会发展》2013 年第 3 期。

② 在权力概念化过程中,有两个主要的传统。第一,权力可以被看作为行动者 A(他可以是一个个人,也可以是一个集体)把意志加诸行动者 B,甚至与 B 的抵抗相对抗,因此 B 被 A 所支配。第二,权力可以被概念化为集体所能利用、并被用于他们利益的一种资源,权力使他们达到自己的目的,在这一观点中,权力被概念化为一种集体的工具。第一种说法,大部分源出马克斯·韦伯,第二种说法由帕森斯有力地加以发展。参见 L. 科塞尔:《权力概念:理论的发展》,顾晓鸣译,载《社会》1985 年第 5 期。

③ 有学者指出,权威代表一种不受质疑、无须强制而能赢得服从的资源;权力代表一种可能受到质疑,但能通过强制赢得服从的力量。参见刘刚:《论权威与权力的区分——从概念、观念、制度层面的考察》,载《北大法律评论》(第 15 卷·第 2 辑)(2014),北京大学出版社 2015 年版,第 490 页。

④ 参见〔英〕戴维·米勒、韦农·波格丹诺主编:《布莱克维尔政治学百科全书(修订版)》,邓正来译,中国政法大学出版社 2002 年版,第 641 页。

⑤ 关于汉语中"权力"的使用,可参见童之伟:《中文法学之"权力"源流考论》,载《清华法学》2021 年第 6 期。

⑥ 〔德〕马克斯·韦伯:《社会学的基本概念》,顾忠华译,广西师范大学出版社 2005 年版,第 72 页。

关系立场或一种还原论立场的解释。

以社会学家帕森斯为代表的另一种解释传统认为,权力是社会中一个普遍化的设施或资源,"用于实现集体目标利益的社会系统的一般化能力"①。它既具有集体功能,也具有个体功能。在集体行动层面,权力是动员社会资源去达到目标的能力,并且首先是一个能够使整个社会系统有效地完成任务和达到目标的设施。一个系统被赋予的权力越多,这个系统就越是善于为了集体的利益动员资源。在这个过程中,权力发挥着吸纳个体参与和公共参与的能力。

政治学家史蒂芬·卢克斯指出,权力是一种让某个人做他原本不会做的事情的能力。这种解释策略注意到了权力在现实中如何行使以及一个人影响另一个人行为的各种方式。卢克斯区分了权力的三张"面孔"或"维度":其一,权力可能含有影响决策的能力;其二,权力可能反映在左右政治议程进而影响组织决策的能力上;其三,权力可以通过操纵人们的观念和偏好来控制人们的思想。②

## 二、法律中的权力

在法学和法律中,权力与法律的关系极为紧密,"法律既可以被看成是权力关系的表达,也能够被视为是对这些关系进行正式化和规范化的一种重要机制。法律保障权力并使之正当化。……法律本身的权力部分来源于它所代表的政治权力——一个稳固的权力精英或一场权力中心斗争的结果,部分则来自其本身所产生的权力规范化和正式化的受益"③。从功能上看,法律中的权力与权利直接相关。郭道晖先生简洁而深刻地指出,权力这个范畴在法学上受到重视,始于近代权力分立理论的启蒙和现代公法的发

---

① 〔美〕T.帕森斯:《现代社会的结构与过程》,梁向阳译,光明日报出版社1988年版,第148页。
② 参见〔英〕安德鲁·海伍德编:《政治理论教程(第三版)》,李智译,中国人民大学出版社2009年版,第139页。
③ 〔英〕罗杰·科特威尔:《法律社会学导论(第2版)》,彭小龙译,中国政法大学出版社2015年版,第112—113页。

展,特别是政府职能的扩大和行政权力的无所不在。一方面,基于行政权力对社会主体权利的侵略性,强烈要求控制政府权力;另一方面,基于福利国家的出现,又要求政府权力为社会主体权利服务。①

法律上的权力,是指基于法律的规定,由公共机关或统治机关以维护公共利益为宗旨和名义,垄断性行使的强制性控制和支配力量。法律权力的特征表现为如下方面:

(1) 权力具有公共性。这是从权力的内容和权力主体两个方面表现出来的属性和特征。现代法律权力是一种超越个人之上的代表国家意志和公共意志的力量,权力的设定与行使必须以保障和增进国家利益和公共利益为目标,并以国家的名义出现。权力的所有者为国家机关或公共机关。所以,法律权力又称为"公权力",行使公权力的机关为立法机关、行政机关、司法机关等。

(2) 权力具有支配性。这是从权力的作用形态和权力行使对象的位置两个方面表现出来的特征。权力是一种支配性力量,能直接以自己的强制力机制迫使其行使对象服从。在权力范围内,权力的行使以及权力所追求的结果不取决于相对人、当事人的意志。

(3) 权力具有合法性。这是从权力的来源以及权利的规范基础上显示出来的属性和特征。一方面,权力来源于权利的授权和让渡,以社会契约的形式汇集而成。另一方面,现代权力来自宪法和法律的明确授予,所谓法无授权即禁止。这种合法性一方面表征了权力应合乎实在法的规定,即合法律性;另一方面也是对包括实在法之支持的正当性的证明。

(4) 权力具有约束性。从权力的目的、权力的行使状况方面看,权力应受到必要的约束。一方面,权力的目的是实现国家利益和公共利益,权力源于权利和立足于权利,这要求权力的设定和行使必须始终符合权力宗旨和目的。另一方面,权力不可选择或放弃,是必须行使的,不能自由选择,不得放弃或非法转让,因为行使权力同时也是一种职责。

---

① 参见郭道晖:《认真对待权力》,载《法学》2011年第1期。

正是在上述性质和特征的意义上,权力来源于权利,权力服务于权利;权利是权力的目的,权利是权力的边界。由此,法律上的权利和权力之确定,就权利而言,"法无禁止即自由",而对权力而言,则"法无授权即禁止"。

## 三、霍菲尔德的权利与权力

权利和权力是法律中的基本概念。美国法学家霍菲尔德指出,阻碍人们进行清晰的法律思考和有效解决法律问题的一个因素在于对法律中基本概念的误用,比如权利、权力、特权和豁免的混淆。他通过"相反关系"(opposite)和"关联关系"(correlative)的组式,使用分析方法将(广义)权利和义务概念各自一分为四,形成八个基本法律概念,对权利(right)、特权(privilege)、权力(power)、豁免(immunity),以及义务(duty)、无权利(no-right)、责任(liability)、无权力(disability)等基本法律概念进行了细致的分析。① 这些基本法律概念被霍菲尔德称为"法律的最小公分母"。② 对前四个概念,霍菲尔德给出了定义:"权利是某人针对他人的强制性请求,特权则是某人免受他人的权利或请求权约束之自由。同理,权力是对他人对特定法律关系的强制性'支配',则豁免当然是在特定法律关系中,某人免受他人法律权力或'支配'约束的自由。"③

(1)严格意义上的权利和义务。霍菲尔德指出,严格意义上的权利是claim,即主张和请求;义务是一个人应当做或不应当做什么。

---

① 权利、特权、权力和豁免可以统称为"法律利益"(legal interest),义务、无权利、无权力和责任可以统称为"法律负担"(legal burden)。
② 关于霍菲尔德基本法律概念的阐述,可以参见〔美〕霍菲尔德:《基本法律概念》,张书友编译,中国法制出版社2009年版;〔美〕韦斯利·霍菲尔德:《司法推理中应用的基本法律概念(修订译本)》,张书友译,商务印书馆2022年版。汉语学界较为全面的阐释,可以参见王涌:《私权的分析与建构:民法的分析法学基础》,北京大学出版社2020年版,第67—202页;刘杨:《基本法律概念的构建与诠释——以权利与权力的关系为重心》,载《中国社会科学》2018年第9期。本章关于霍菲尔德相关理论的简洁描述,主要借鉴了王涌教授《私权的分析与建构:民法的分析法学基础》一书的全面细致分析,在此特别说明和感谢。
③ 〔美〕霍菲尔德:《基本法律概念》,张书友编译,中国法制出版社2009年版,第70页。

（2）特权和无权利。霍菲尔德认为，特权是指一个人可以做某事的自由。例如，A 袭击了 B,B 就有了自我防卫的特权。在特许经营中，许可人授予被许可人的法律利益也是特权。特权的相反概念是义务。例如，A 有进入土地的特权，意味着 A 没有不进入土地的义务，进入土地的特权是对不可以进入土地的义务的否定。法谚"法无禁止即自由"，说的就是特权与义务之间的相反关系。

关于特权与权利的差异，特权的关键含义在于，它意味着法律所允许的一种自由，但这种自由（特权）不是通过法律为别人设定义务来支持的自由。①

（3）权力与责任。在分析权力时，霍菲尔德指出，权力意味着对他人、对特定法律关系的强制性"支配"。所谓权力，就是指 A 与 B 之间存在着一种法律关系，A 能够通过自己的行为创设 A 与 B 或 B 与其他人之间的关系。而责任就是指，B 应当承受 A 通过自己的行为所创设的 A 与 B 或 B 与其他人之间的法律关系。权力的相关概念是责任，权力的相反概念是无权力。在霍菲尔德看来，无论权力是否行使，只要某一法律主体具有权力，那么对另一个法律主体而言就必然存在与之关联的法律上的不利益，即责任。霍菲尔德举例指出，一个有体物的主人，有权力通过抛弃等行为去消灭其法律利益，也有权力通过转让行为创设他人对于物的所有权关系。又如，代理关系的实质是将权力授予代理人，同时创设了被代理人的责任，代理人可以通过自己的行为创设被代理人与他人的法律关系。再如，政府官员权力的本质在于他具有一种法律能力，有权力通过自己的行为创设公民与国家之间的法律关系。②

（4）豁免与无权力。豁免的相关概念是无权力，相反概念是责任。A

---

① 霍菲尔德使用了小虾沙拉的事例。ABCD 是小虾沙拉的所有者，他们对 X 说："如果你愿意，你可以吃小虾沙拉，我们允许你这样做，但是我们并不答应不干预你。"在这种情形中，X 具有吃沙拉的特权，但是 ABCD 没有权利（即 claim）"要求 X 不吃沙拉"，X 没有权利"要求沙拉所有者不干预他吃沙拉"。

② 参见王涌：《私权的分析与建构：民法的分析法学基础》，北京大学出版社 2020 年版，第 84—87 页。

与 B 之间存在一种法律关系,其中 B 不具有法律权力去改变现存的 A 与 B 或 A 与其他人的法律关系,此种法律关系对于 A 来说即为豁免,对于 B 来说就是无权力。比如,A 是一片土地的所有者,B 无权力处分 A 的土地,A 可以对抗 B 处分其土地的行为,此即豁免。如果 A 委托代理人出卖他的财产,他与代理人之间的关系就是责任,而不是豁免。

表 10-1　霍菲尔德基本法律概念关系表①

| 相关关系 | | 相反关系 | | 矛盾关系 | |
| --- | --- | --- | --- | --- | --- |
| 权利 right | 义务 duty | 权利 right | 无权利 no-right | 权利 right | 特权(自由) privilege |
| 特权(自由) privilege | 无权利 no-right | 特权(自由) privilege | 义务 duty | 义务 duty | 无权利 no-right |
| 权力 power | 责任 liability | 权力 power | 无权力 disability | 权力 power | 豁免 immunity |
| 豁免 immunity | 无权力 disability | 豁免 immunity | 责任 liability | 责任 liability | 无权力 disability |

## 第三节　权利与义务

在现代法律中,权利与义务是一组具有高度关联性的范畴,彼此构成对方的组成结构。边沁认为,"主张某人拥有某种权利只是在主张他可以从强加给他人的法律义务中获益"②。在两者关系上,权利与义务对立统一,具体表现为结构上的相关关系、数量上的等值关系、功能上的互补关系以及价值上的主次关系。③

---

① 本表由刘杨教授根据霍菲尔德理论编制,参见刘杨:《基本法律概念的构建与诠释——以权利与权力的关系为重心》,载《中国社会科学》2018 年第 9 期。
② 转引自〔美〕威廉·A. 埃德蒙森:《权利导论(第二版)》,侯学宾译,商务印书馆 2023 年版,第 108 页。
③ 参见张文显:《法哲学范畴研究(修订版)》,中国政法大学出版社 2001 年版,第 338—345 页。

## 一、结构上的相关关系

权利与义务在结构上的相关关系是指,权利、义务均以对方的存在为前提,任何一项权利都对应着相应的义务,任何一项义务都对应地存在特定的权利,即没有无义务的权利,也没有无权利的义务。

一方面,权利和义务代表着两个相对立的成分:如果权利意味着意志自由,则义务就是基于实现此种自由而对相对人实施的某种限制;如果权利意味着某种利益,则义务就是为了实现此种利益而施加于他人的负担。另一方面,权利和义务又相互依存、相互转化:权利和义务的存在、变动都要以对方的存在、变动为条件,权利的实现离不开义务主体的配合,权利主体享有权利的同时也要承担一定的义务。例如,《民法典》第131条规定:"民事主体行使权利时,应当履行法律规定的和当事人约定的义务。"以概括性的方式规定了权利和义务不可分割。在法律规范中,权利和义务的具体表述,都是以组合的方式呈现的,不同之处在于这种组合形之于同一条文或不同条文之中。

### 示例 10-1

《宪法》第四十三条　中华人民共和国劳动者有休息的权利。国家发展劳动者休息和休养的设施,规定职工的工作时间和休假制度。

### 示例 10-2

《民法典》第二百二十条第一款　权利人、利害关系人认为不动产登记簿记载的事项错误的,可以申请更正登记。不动产登记簿记载的权利人书面同意更正或者有证据证明登记确有错误的,登记机构应当予以更正。

关于权利和义务在结构上的关联形式,根据权利、义务的主体类型的关联程度,可以分为特定关联和不特定关联。特定关联是指具体权利和具体义务之间直接关联,相互参照,不可分离,不能孤立地存在。例如,买卖合同中买受人和出让人之间的权利义务关系,婚姻关系中夫妻双方的权利义务关系。不特定关联是指具体权利与特定义务之间并非直接相关,表现为与权利主体相对的义务主体的不特定性。

## 二、数量上的等值关系

权利和义务在数量上是等值的,这是一种描述上的修辞,是指权利和义务所承载的利益在类似于数学的绝对值意义上是等值的。其中,权利是各种性质不同的利益的换算公式,打一个比方,权利相当于法律上的一般等价物。从宏观层面来看,一个社会的权利总量和义务总量是相等的。权利表征正值和积极利益,义务表征负值和消极利益。"如果既不享有权利也不履行义务可以表示为零的话,那么,权利和义务的关系就可以表示为以零为起点向相反的方向延伸的数轴,权利是正数,义务是负数,正数每展长一个刻度,负数也一定展长一个刻度,而正数与负数的绝对值总是相等。"[①]无论权利和义务怎样分配,不管每个社会成员具体享有的权利和承担的义务怎样不等,也不管规定权利和义务的法条是否相等,在一个社会的总体数量关系上,权利和义务以及其表征的利益都是等值或等额的。

权利、义务在数量上的等值关系,在立法和法律实施过程中具有实质意义,它要求在初次分配和再分配过程中要合理、均衡地对待权利、义务,同时这也是责任法定原则的一个基础。权利主体有资格要求义务主体全面履行义务,以保障其权利的实现。没有法律依据,权利主体无权超越法律规定的范围和幅度要求义务主体履行"超法义务"或"法外义务",同时义务主体有权拒绝履行此类。

**示例 10-3**

《民法典》第六条　民事主体从事民事活动,应当遵循公平原则,合理确定各方的权利和义务。

---

[①] 徐显明主编:《公民权利义务通论》,群众出版社1991年版,第65页。

**示例 10-4**

《民法典》第一百三十二条 民事主体不得滥用民事权利损害国家利益、社会公共利益或者他人合法权益。

## 三、功能上的互补关系

法以权利与义务的互动来运行和产生作用,即以权利义务为调整机制调整人的行为和社会关系。在法律运行中,权利和义务具有互为补充的功能,分别具有启动与抑制、激励与约束、主动与被动、受益与付出等相反相成的功能和作用机制。

第一,权利直接体现法律的价值目标,义务保障价值目标和权利的实现。法律以确认和维护某种利益为价值目标,并且以权利宣告的方式体现该目标,以利益导向和激励机制实现权利所指向的利益。实践中,单纯的权利宣告不足以保障目标的实现,而是要通过设定义务,对义务人的行为给予明确并科以强制履行的要求,以强制积极行为发生或抑制消极行为出现来保障权利,从而保障利益的实现。

第二,权利提供不确定的指引,义务提供确定的指引。权利和义务都有指引行为的功能,但指引的方式和结果是不同的。一般而言,权利指引会给人们留下较大的自我选择余地,而义务因与负担或消极利益相关,法律会明确义务的内容和强制履行的要求,一般不允许行为人自行改变。相较于权利指引,义务指引具有确定性。

**示例 10-5**

《刑法》第二百六十四条 盗窃公私财物,数额较大的,或者多次盗窃、入户盗窃、携带凶器盗窃、扒窃的,处三年以下有期徒刑、拘役或者管制,并处或者单处罚金;数额巨大或者有其他严重情节的,处三年以上十年以下有期徒刑,并处罚金;数额特别巨大或者有其他特别严重情节的,处十年以上有期徒刑或者无期徒刑,并处罚金或者没收财产。

### 示例 10-6

《民法典》第四百五十一条 留置权人负有妥善保管留置财产的义务;因保管不善致使留置财产毁损、灭失的,应当承担赔偿责任。

## 四、价值上的主次关系

从法律调整的价值取向上看,权利和义务之间具有主次关系。由于多种因素的影响,不同时期、不同国家法律的价值取向也有所差异。这种价值取向在权利义务方面主要体现为,权利和义务哪一个优先?权利与义务何者居于主导地位?

大体来说,义务重心说或义务本位说认为,法作为社会控制、规范手段,就其价值而言,义务性规则是保障社会秩序、支撑个体自由赖以存在和展开的框架,法主要通过义务性规范来实现自己试图达到的目的。在法的构成方面,义务性规则是法律的主体,义务性规则的确定和对义务的信守,是权利界定和权利获得的依据;在法律适用中,义务性规则的存在是追究个体责任的前提;在法律发展史上,先有义务性规则,后有授权性规则。该说成立的理由是:第一,法律完全可以不规定权利,而以义务规范来取代权利确认。因为任何权利规范都可以改换成义务规范,而义务规范则不一定都可以改换成权利规范。第二,义务规范在法律上含有的信息价值比权利规范大,其表现形式是禁止某种行为以及从事某种行为。事实上,这两种形式的义务规范占法律规范的大多数。第三,之所以需要用某种强制力来保证法律实施,主要不在于人们不会自觉行使权利(法律不必为此操心),而是因为义务往往会被人们拒绝。第四,法律要实现自己的实效,主要依靠义务规范的设定与执行。[①]

权利本位论或权利优先论认为,权利是法的核心和基点。权利准确地

---

① 参见孙笑侠:《"权利本位说"的基点、方法与理念》,载《中国法学》1991 年第 4 期。

反映了法的价值属性,反映了人的主体性。权利本位的特征和要求在于:第一,权利主体资格的平等性。在基本权利和基本义务的分配上,任何人不能因其性别、种族、肤色、语言、信仰等特殊情况而受到歧视。第二,权利只基于承认、尊重和保护他人权利之目的才能受到法律限制,在法无明文禁止的情况下可作权利推定。第三,在权利与义务的关系上,义务来源于权利,从属并服务于权利。权利是目的,义务是手段,设定义务的目的是保障权利的实现。第四,在权利与权力的关系上,公民权利是国家公权力配置的目的和界限,国家公权力的配置是为了保障公民权利的实现以及协调权利间的冲突。

本书认为,两种学说并不存在逻辑上的矛盾。义务重心说从法律产生和发展的历史事实这一角度出发,考察义务相较于权利所具有的时间上的先在性,而权利本位论则从现代法治的价值取向出发,讨论以人为本的核心要义在于以人的权利为本。

## 第四节 权利与法律

以权利义务双向规定为调整机制,是法律区别于道德、政策、习惯等其他社会规范的基本标志。权利义务贯穿于法律实践的各个环节,它们是连接法律规范、法律行为、法律关系、法律责任、法律秩序的媒介。法律通过权利义务得以体现和实现它所确认的利益,权利义务则通过法律确认自身的存在形态和作用形态。权利义务全面地表现了法的价值取向。通过权利义务,立法者的价值取向转化为法律规范所要求的价值选择,进而借助国家权威和法律程序来实现。

### 一、法律通过权利义务得以体现和实现

第一,权利义务构成法律规范、法律行为、法律关系的基本内容。权利义务是表征利益的法律概念,利益构成权利义务的内容,而权利义务构成法律的内容。法律规范是以权利义务为内容的社会规范,它通过明确或授予

权利,以及设定义务的方式规定主体为或不为的依据。以此为依据,行为主体基于自身的利益考虑,以一定的方式行使权利和履行义务。法律关系即主体在法律规范的调整下形成的具体权利义务关系,权利义务是法律关系的核心内容。法律责任的实质是,法律给予特定行为在权利义务状况方面的否定性评价。

第二,权利义务贯穿于一切法律规范和法律部门。无论是宪法还是民商法、行政法、经济法、社会法、刑法、诉讼法等法律,均设定权利义务,并以权利义务为其调整机制。宪法规定国家的根本制度和根本任务,是国家的根本法,具有最高的法律效力;规定公民的基本权利和义务,并设定国家机关的职责。民法调整平等主体的自然人、法人和非法人组织之间的人身关系和财产关系。其他法律部门根据其调整对象和调整方式,通过权利义务的规范配置,为相关法律主体的行为提供规范依据。

第三,权利义务贯穿于以立法为起点,以执法、守法、司法、法律监督为主要环节的法律实践运行的整个过程。法律实践运行的所有活动都围绕着权利、义务而展开。立法机关以规范化和制度化的方式确立各类法律主体的权利义务。执法是国家行政机关、法律授权或委托的组织及其工作人员依照法定职权和程序,依靠国家权力落实法定权利和义务。守法是各类法律主体行使权利和履行义务,而与之相对的违法则是法律主体滥用权利或者规避义务。司法是由享有审判权的国家机关根据法定职责和程序,通过法庭审判所确认的事实和证据,具体适用法律解决当事人的权利义务纠纷的活动。法律监督则是由国家的法律监督机关对国家机关及其工作人员、社会团体、法人、公民行使权利和履行义务的情况进行监督,依法追究违法者的法律责任。

## 二、权利义务通过法律得以确认和实现

第一,尽管在从观念启蒙到制度定型过程中,权利与"自然正当""自然权利""道德权利"等有着紧密的关联,但在现代实证法上,基于法律保障的权利义务只能来源于法律规范的明文规定,或者隐含于法律规范中,或者至

少可以从法律精神和法律原则中推导出来。

第二，权利义务体现了占支配地位的阶层或集团的意志，并通过法定程序上升为国家意志。占支配地位的阶层或集团和国家所倡导的利益通过立法和法律实施得以体现和实现。

第三，权利义务有明确的界限。没有无限度的义务，也没有无限度的权利。权利义务所体现的利益被限制在占支配地位的阶层与集团的根本利益中，同时受制于社会经济结构和社会文化发展水平；权利与义务互为界限，超过权利界限行使权利的行为，义务主体不需要履行相应的义务；行使权利与履行义务的方式、程度、范围都有一定的要求，违反这些要求，就构成权利的滥用或者义务的不当履行。

第四，权利义务本身不是目的，而是利益保障的手段。从立法和法律实施的角度来看，法以权利义务为调整机制，确定可以受到法律保障的利益之范围，在法律许可的限度之内，义务主体必须履行相应的义务以协助权利主体追求其合法利益。从权利主体层面上讲，主体追求利益这一目标由法律通过设定权利义务实现：享有权利意味着该项权利所体现的利益是合法的，而设定义务提供保障利益的强制性机制。

## 第五节 权利义务的形态和分类

### 一、权利和义务的形态

权利和义务主要有四种存在形态，它们是应有权利和义务、习惯权利和义务、法定权利和义务、现实权利和义务。

第一，应有权利和义务。应有权利[①]，也称"自然权利""道德权利"，是人之为人与生俱来的不可转让、不可剥夺的权利。应有义务，也称"自然义

---

[①] 广义的应有权利包括法律范围内外人们应当拥有的一切正当权利，而狭义的应有权利仅指人之为人应当具有但尚未被法律明文规定的权利。通常来说，人们都是在狭义上使用"应有权利""应有义务"。

务""道德义务",是人之为人应当承担的一些义务。

第二,习惯权利和义务。习惯权利,是指人们在长期的社会生活中形成、传承且约定俗成的,存在于人们的意识和惯常行为中,并表现为群体性、重复性的自由行动的一种权利,如中世纪西欧各国贵族对农奴新娘的初夜权。习惯义务,是指在长期社会生活中形成或传承下来的、法律明文规定之外的义务,通常表现为观念上的习以为然、行为上的某种必要性和经常性,如封建时代藩属对宗主国的进贡义务。

第三,法定权利和义务。在法治国家,法定权利和法定义务是权利和义务的主要存在形态。法定权利是通过法律明文规定或者通过立法纲领、法律原则加以宣布的权利,既包括法律明文规定的权利,也包括依照法律精神推定出来的权利。法定义务是通过法律规范明文设定的义务。对公民而言,不能进行义务推定,如法无明文规定不为罪。但是,对公权力机关而言,有时可以作某种必要的义务推定,如国家审判机关不得因法律没有明文规定而拒绝受理社会纠纷。

第四,现实权利和义务。现实权利和义务是法定权利和义务的现实化。现实权利是人们在现实生活中实际享有和行使的权利;现实义务是人们在现实生活中实际承担和履行的义务。

在法治国家,权利和义务存在的主要形态是法定权利和义务,只有法定权利和法定义务才能得到法律的保障和施行;应有权利和义务主要是一种道德观念上的、处于应然状态的权利和义务,它可以在某种条件下作为确证或批判权利义务立法的根据;现实权利和义务是法定权利和义务的现实化,与法定权利和义务之间是法律的实效与法律的效力之间的关系。

### 示例 10-7

2012 年 7 月 3 日晚,湖南娄底,27 岁的邓锦杰为了营救溺水的一家三口,奋不顾身跳入河中救人,在相继救起该三人后却因体力不支被湍急的河水吞噬。当邓锦杰遇险生死不明时,被救的一家三口不但没有参与积极施救,也没留下来关注事情的进展,而是选择漠然离开。在遭遇群众阻拦时,女性获救者竟称"关我什么事"。

上述事例中,当时的法律对见义勇为行为没有作出明确规定,施救者与被救者之间不存在法定权利与义务关系。①

## 二、权利义务的实现及其界限

权利、义务的不同存在形态表明,权利和义务的实现需要一定的条件,而且必定会受到一定的限制。即便是法定权利和义务,也只是法律规定的法律关系主体依身份或资格而拥有的权利和义务,是有待实现的法律权利和法律义务,还处于一种应然的状态,属于可能性领域。现实权利和义务,是法律关系主体在实施法律活动过程中所实际享有的法律权利和正在履行的法律义务,是实际拥有的法律权利和义务,已经处于实然状态,属于现实性领域。②

在社会生活中,法律上规定的权利和义务,只有转化为主体的现实权利和义务,才能使法律对社会的调整达到应有效果。法律上规定的权利和义务所针对的是一国之内所有不特定的主体(包括公民、法人、国家机关等),它对于每个人来说都是平等的,它是静态的,它的实现不必经过主体对它的认识。一旦特定的法律关系主体依照法律规则进行法律活动,他们就会享有实际的法律权利或者履行特定的法律义务。

即便权利和义务由法律的一般规定转化为主体的现实权利和义务,也还存在着一个实现问题。权利不能实现,就会歪曲它的本质,而义务不能实现,就会造成对权利人利益的损害。当然,法律权利和法律义务的实现是一个复杂的问题。在宏观层面上,它取决于国家的物质生活条件和水平,取决

---

① 《民法总则》(2021年1月1日废止)和《民法典》(第183条)规定:"因保护他人民事权益使自己受到损害的,由侵权人承担民事责任,受益人可以给予适当补偿。没有侵权人、侵权人逃逸或者无力承担民事责任,受害人请求补偿的,受益人应当给予适当补偿。"有学者认为,这一规定解决了"见义勇为的行为人因实施见义勇为行为受到损害而享有的损害赔偿请求权"问题。参见杨立新、贾一曦:《〈民法总则〉之因见义勇为受害的特别请求权》,载《国家检察官学院学报》2017年第3期。

② 参见陈金钊主编:《法理学》,北京大学出版社2002年版,第193—195页。

于政治民主与法治发展状况以及科学技术条件、道德人文环境的改善等。在微观层面上,权利和义务能否实现还要看法律关系主体的行为能力,以及是否有法律认识上的错误和不以人的意志为转移的事件发生。例如,权利人出于友情或同情而放弃权利,免除义务人的义务。又如,由于发生不可抗力的事件,义务人不能履行义务。在上述两种情况下,权利自身并没有实现。实际上,权利和义务实现的最重要途径是通过国家强制力保障。国家除了要不断创造和改善物质条件、政治条件和文化条件以外,保障权利义务实现的机制就是法律责任的设置:无论是权利的怠于行使、滥用,还是义务的不当履行、不履行,都必须承担相应的法律责任。

因此,一方面,权利和自由不是想做什么就做什么,权利的行使必须坚持权利和义务相统一、法律面前人人平等等原则。权利的行使要在适度的范围和限度内,超出则不为法律所保护,可能构成滥用权利和侵权。从一般层面上来讲,每个人的自由只受所有人的相同自由的限制。只要不侵犯到其他任何人平等的自由,每个人就能够自由地做他想做的事情。具体而言,权利的行使受到以下限制:(1)权利的行使必须依照法律规定或关于权利的约定;(2)不得滥用权利;(3)当权利受到非法侵犯时,权利人只能依照法定的条件和方式进行救济。

另一方面,义务的履行也是有限度的,要求义务人为超出其义务范围的行为同样是法律所不支持的。义务的限度具体表现在:(1)实际履行义务的主体资格的限制。例如,某人虽然按照法律应承担义务,但由于其不具备履行义务的行为能力,则权利人不得强迫该义务人履行义务。(2)时间的界限。义务在大多数情况下都是有一定的时效或时间界限的,超过时效或时间界限,义务就不复存在。例如,父母对子女的抚养义务通常应以达到成年为限。(3)利益的界限。在权利和义务的资源分配上,既然权利人不可能永远无限制地享有社会的利益,那么义务人也就不可能永远承担社会的不利和损害。要求义务人对国家、社会和他人无限制尽义务,而漠视义务人应有的正当权益,同样违背正义原则,也是非常错误的。正如权利人在享受权利时必须履行相应的义务一样,义务人在履行义务时也同样拥有自己相应的权利。

### 三、权利义务的分类

由于法治国家权利义务的主要存在形态是法定权利和义务,因此我们这里讨论的也是法定权利和义务的分类。法定权利和义务也就是法律权利和法律义务,根据不同的标准,可以分为不同的类别。

(一)基本权利义务与普通权利义务

根据权利义务在社会生活中的重要程度,可以把法律权利与法律义务分为基本权利义务、普通权利义务。

基本权利义务是指人们在国家政治生活、经济生活、文化生活和社会生活中的根本权利和义务,是源于社会关系的本质而与主体的生存、发展、地位直接相关的权利和义务。它们是人们在基本政治关系、经济与文化关系和社会关系中所处地位的法律表现,一般由宪法或基本法确认或规定。如我国宪法所确认和规定的公民的基本权利和义务。

普通权利义务即非基本的权利和义务,是人们在普通经济生活、文化生活和社会生活中的权利和义务,通常由宪法以外的普通法律作规定。如我国《民法典》中关于缔约人权利和义务的规定。

(二)绝对权利义务与相对权利义务

根据权利和义务对应主体的效力范围,可以把法律权利与法律义务分为绝对权利义务与相对权利义务。

绝对权利亦称"对世权利",其特点是权利主体无特定的义务人与之相对。对于这种权利,所有的法律主体都是可能的义务人。它的内容是排除他人的侵害,通常要求一般人不得作出一定的行为。国家的安全权、独立权和公民的各项自由权、财产权等均属于此类。绝对义务亦称"对世义务",其特点是义务主体无特定的权利人与之相对。绝对义务的内容通常不是积极的作为,而是消极的不作为。例如,任何人都负有不得损害其他公民生命安全的义务。

相对权利亦称"对人权利"或"特定权利",其特点是权利主体有特定的义务人与之相对,权利主体可以要求特定的义务人作出一定行为或抑制一定行为。相对义务亦称"对人义务"或"特定义务",其特点是义务主体有特定的权利主体与之相对,义务主体应当根据特定权利主体的合法要求作出一定行为,以其给付、协助等行为使特定权利主体的利益得以实现。例如,合同关系中的权利和义务,婚姻家庭关系中夫妻之间、父母与子女之间的权利和义务等。

(三)第一性权利义务与第二性权利义务

根据权利义务之间的因果关系,可以把法律权利与法律义务分为第一性权利义务与第二性权利义务。

第一性权利亦称"原有权利"。它是直接由法律赋予的权利或由法律授权的主体依法通过其积极活动而创立的权利,如财产所有权、缔约权、合法合同中双方当事人的权利。第一性义务与第一性权利相对,是由法律直接规定的义务或由法律关系主体依法通过积极活动而设定的义务,如宪法中规定的公民的纳税义务、服兵役义务等。

第二性权利亦称"补救权利"(或"救济权利"),是在原有权利受到侵害时产生的权利,如诉权、恢复合法权益的请求权。第二性义务与第二性权利相对,其内容是违法行为发生后所应负的义务,如违约责任、侵权责任、刑事责任等。

# 第十一章
Chapter 11

# 法律责任

法律责任是法学和法律中一个重要概念,其含义和指向对象与利益、权利义务紧密相关,构成保护权利、保障法律实施的一个有效手段。法律责任的设定和归结关乎权利和利益以及法律责任的性质、特征、追究方式等问题。

## 第一节 法律责任释义

### 一、法律责任的概念与特征

在古汉语中,"责"有索取、非难、处罚、债等含义,而"责任"一词或二字连用的情形较为少见。英语中的 liability、responsibility、duty 等在不同语境中可以翻译为"责任"。

英国法学家哈特认为,在不同语境中,责任有不同的含义,他举了一个船长的例子对责任作了地位责任(role-responsibility)、原因责任(causal-responsibility)、义务责任(legal liability-responsibility)和能力责任(capacity-responsibility)等四种划分。哈特对责任的分类表明,理解法律责任的内涵有不同的角度。

### 示例 11-1

作为船长,应对其乘客和船员的安全负责。在最后一次航行中,船长每晚烂醉如泥,应该对乘客和船只的沉没负责。据说他有精神病,但医生认为他应该对其行为负责。在整个航程中,船长举止极其不负责任,而且他一生中的许多事件表明,他不是一个负责任的人。他总是坚持反常的风暴应该对沉船负责。但是,在法律诉讼中,他被判定对其疏忽行为承担刑事责任;在单独的民事诉讼中,他被判定对沉船造成的生命和财产损失承担法律责任。此外,他或许仍然对许多妇女和儿童的死亡应该负道义责任。

在哈特看来,只要一个人在社会组织中具有一定特殊的地位或职务,通过为他人谋福利或实现组织目的,就表明处于该地位的人或占据该职位的人负有特殊的职责。这就是一种地位责任,如船长、对家庭生计承担责任的丈夫、公司的会计、营地的哨兵等。地位责任可以是道德责任,也可以是法律责任。原因责任是指特定行为与特定结果之间所具有的关系,即行为人基于某种行为在单纯的原因意义上对某种结果负责。义务责任是根据法律规定某人应对某种行为或损害承担责任。也就是说,根据法律,他与行为或损害之间的联系足以使他承担责任。在哈特看来,"他在法律上应对某人负责"与"他在法律上有因某人而受惩罚或支付赔偿金之义务",这两种陈述是不同的。能力责任是指,基于理解能力、推理能力与对行为的控制能力等因素对人之行为责任的认定。[①]

关于法律责任的性质,有处罚说、责任说、后果说、义务说等不同观点。处罚说认为,某人在法律上承担责任,表明他在法律上应该受到处罚。责任说把法律责任界定为一种特殊责任,即违法者实施违法行为所必须承担的带有强制性的法律上的责任。后果说则把法律责任界定为一种必须承担的

---

① 参见〔美〕H. C. A. 哈特:《惩罚与责任》,王勇等译,华夏出版社1989年版,第201—226页。

法律上的不利后果。① 张文显教授在义务说基础上把法律责任界定为："由于侵犯法定权利或违反法定义务而引起的、由专门国家机关认定并归结于法律关系的有责主体的、带有直接强制性的义务，即由于违反第一性法定义务而招致的第二性义务。"②

尽管阐释角度不同，但究其实质，责任的含义具有双向性：一是积极意义上的职责、义务，也就是通常所说的第一性义务；二是消极意义上的责任，是因为没有积极履行第一性义务而承担的不利后果或者强制性惩戒，即第二性义务。法律责任通常是指消极意义上的责任。

基于上述分析，可以把法律责任界定为：基于法律的明确规定，由于侵犯法定权利或违反法定义务而引起不法侵害，由法定机关认定的责任主体承担的法定义务。从一般意义上说，法律责任实质上是由于违反第一性义务（法定的或约定的）而引起的第二性义务。法律责任具有下述特征：

首先，法定性。这是指法律责任依据法律进行认定。法律责任是由法律规定的责任，具体表现为，法律责任的认定、追究、减免的依据以及法律责任的承担方式均来自法律的明确规定。

其次，不法性。这是指法律责任的构成须有不法侵害的发生，并排除违法阻却事由。法律责任的产生以存在作为初始义务的法定义务或约定义务为前提，它是一种因违反法律上的初始义务（禁止不法侵害）而形成的派生义务。同时，违反初始义务与承担法律责任之间具有法律上的因果关系。违反初始义务，即发生了法律所禁止的不法侵害。不法性，即对权益的不法侵害是法律责任发动的前提条件，侵害的不法性为追究法律责任提供了正当性基础；缺少不法性，则不构成法律责任。

再次，强制性。法律责任的实现以国家强制力为后盾，这不仅表现在一般法律责任的认定、追究都由法定机关进行，也表现在某些法律责任的实现（如刑罚的执行）必须直接行使国家强制力。

---

① 参见张文显：《法哲学通论》，辽宁人民出版社 2009 年版，第 284—287 页；刘作翔、龚向和：《法律责任的概念分析》，载《法学》1997 年第 10 期。
② 张文显：《法哲学通论》，辽宁人民出版社 2009 年版，第 287 页。

最后,否定性。法律责任的内容表现为不利后果和否定性评价。引发法律责任的行为是法律明确禁止、反对或不希望发生的,立法对法律责任承担者所持的价值评价是否定性的。对责任主体来说,法律责任的承担意味着其预期利益得不到法律的承认或保护,或者付出相应的代价。

## 二、法律责任的本质

法律责任的本质涉及认定法律责任的正当根据。换言之,要求一个人承担法律责任的理由何在?关于法律责任的本质,主要有三种观点:

第一,道义责任论。道义责任论从自由意志论出发,认为要求行为人承担法律责任是因为其违背了正当行为的道德命令。人的意志是自由的,但同时必须为处于自己自由意志支配下的违法行为负责。责任与过错相关联,行为人基于自由意志选择违法行为乃是一种主观上的过错。[①] 根据道义责任论,如果没有道德上应受惩罚的责任,就没有正当理由来确立应受惩罚的法律责任,法律责任以道义责任为前提,对违法者的道义责难是法律责任的本质所在。

第二,社会责任论。社会责任论以哲学和伦理学上的决定论为根据,认为人的意志并不是自由的,而是受到社会环境的影响,是由客观条件决定的;法律责任并不是道义上的非难,而是社会防卫。法律责任无关个人的主观过错,它取决于无法为人的意志所控制的客观环境。根据社会责任论,法律责任的本质在于维护社会及其秩序的存在,同时使违法者再社会化,复归社会。

第三,规范责任论。规范责任论从行为的规范和评价出发,认为法律规范体现了社会的整体价值观念和价值共识,是规范和评价行为的关键。对于合乎法律规范的行为,法律持肯定性态度,予以承认和保护。对于不合乎法律规范的行为,法律持否定性的态度,进行取缔和制裁。法律对违反法律规范之行为的否定性态度,体现于法律责任的认定、归结和执行之中。根据

---

① 黑格尔指出:"行为只有作为意志的过错才能归责于我。"〔德〕黑格尔:《法哲学原理》,范扬、张企泰译,商务印书馆1982年版,第119页。

规范责任论,法律责任是对行为的规范和评价的结果,法律责任的本质在于社会对于人之行为的否定性规范和评价。

上述三种理论从不同角度揭示了法律责任的不同层面,道义责任论揭示了法律责任的道德根据,强调了人的主体性;社会责任论看到了人的自由不是无限度的,要受制于客观环境;而规范责任论则说明了法律责任与社会整体价值观念之间的内在联系。

法律责任的设定与承担的前提是承认人的意志自由。"承认人的意志自由,就既肯定了人有自由选择恶、致人损害的可能,也肯定了人有通过法律调整尤其是其中的责任措施弃恶从善、自觉预防并避免损害、自觉遵守法定或约定义务的可能性。"[①]但是,人的意志自由并不是绝对的,要受到其所在的社会环境、社会存在的制约与影响。法律责任是立法者出于保护社会秩序和公共利益对个人施加的负担。从设定法律责任制度的目的或者说法律责任所发挥功能的角度来看,法律责任是立法者所设定的一种规范性纠错机制,其实质是"以国家的名义对违反法定义务、超越法定权利界限或滥用权利的违法行为所作的法律上的否定性评价和谴责,是国家强制违法者做出一定行为或禁止其做出一定行为,从而补救受到侵害的合法权益,恢复被破坏的法律关系(社会关系)和法律秩序(社会秩序)的手段"[②]。

## 三、法律责任的构造

法律责任是立法者基于特定的利益衡量,通过法律规定针对特定类型行为(有责行为)的否定性评价。法律责任的功能在于,对侵犯法律所保护的利益的行为或事实而建立救济机制。基于法定性、有因性、否定性等特征与性质,法律责任表明,在有责行为和否定性评价之间存在着法律上的关联关系。从法律关系的角度讲,法律责任的认定、归结本质上在于创造新的法律关系,由此产生一种特定救济权法律关系。这种法律关系构成法律责任

---

① 叶传星:《法律责任的哲学根据》,载《法制与社会发展》1998年第6期。
② 张文显:《法哲学通论》,辽宁人民出版社2009年版,第292页。

的形式结构或构造。① 所谓法律责任的形式构造,是指围绕其规范性要素——救济权法律关系的发生与展开所呈现的动态的、相互衔接的过程。通过对救济权法律关系的产生条件、内容以及实现方式的分析与界定,可以概括、提炼出法律责任概念的形式构造。② 作为一种基于法律规范的救济机制,法律责任可以简洁处理为法律上"有责行为⇆以强制力为保障的救济关系"这一形式构造。

从法律规范的构成要素及其所表达的内容来看,确定法律责任的法律规范具有责任根据、权利救济(利益救济)和责任实现方式三个方面的要素。

第一,责任根据是认定法律责任的法律规范基础。法律规范不仅确定了法律责任的性质、认定和承担方式,同时也体现了立法者对法律责任对应的利益的判断。无论是归属于道义责任还是社会责任,责任根据的法律规范都提供了转化性机制,即通过法律规范把作为利益评价标准的道德因素、社会因素予以客观化、可操作化,解决了利益换算或评价的规范化问题。

第二,权利救济(利益救济)是法律责任设定的目的。作为一种由国家强制力保障的救济机制,法律责任的内容和实现方式由法律规范设定,以反映立法者的立法目的。即通过设定和追究法律责任的形式修复和平衡权利义务,以法律责任为救济机制,恢复受损的利益关系。

第三,法律责任的实现方式集中体现了法律责任所具有的、由强制力保障的利益救济机制,而强制力的正当性基础则可以从不法行为的性质中得到解释。作为法律责任实现条件的不法行为,实际上是指为整体法秩序所

---

① 凯尔森指出:"一个人在法律上要对一定行为负责,或者他为此承担责任,意思就是,他做相反行为时,他应受到制裁。"参见〔奥〕凯尔森:《法与国家的一般理论》,沈宗灵译,中国大百科全书出版社 1996 年版,第 73 页。在凯尔森看来,法律责任是由不法行为引起的制裁。行为之所以是不法行为,是因为法律秩序赋予这一作为条件的行为以制裁的法律后果。所以,并非行为不法而遭致制裁,而是法律将应当受制裁的行为设定为不法行为,其中的"不法行为"与"应当受制裁"之间是一种"充分且必要条件"之关系。也就是从"不法行为"可以推出"应当受制裁"这一结果,而从"应当受制裁"之结果也可以推出"不法行为"之条件。

② 参见余军、朱新力:《法律责任概念的形式构造》,载《法学研究》2010 年第 4 期。

不允许、在法律上不具有正当性的行为。法律责任所具有的强制性特征,表现为法定机关可以通过直接发动有形的物理力量或者以发动物理力量或实施其他惩罚措施为威胁之方式实现。

## 四、法律责任的分类

根据不同的标准,可以对法律责任进行不同的分类。根据责任主体的类型,可以分为自然人责任、法人责任和国家责任;根据责任内容的性质,可以分为财产责任和非财产责任;根据责任承担的程度,可分为有限责任和无限责任;根据责任承担的形式,可分为补偿性责任和惩罚性责任;根据责任要件中过错之是否必要,可以分为过错责任、无过错责任和公平责任;等等。实践中,使用较广的分类有如下两种:

(一)基于法律责任之规范基础的法律性质的分类

根据认定法律责任所依据的法律规范的性质,法律责任可分为私法责任和公法责任。其中,私法责任即民事责任,公法责任包括违宪责任、刑事责任、行政责任、国家赔偿责任等。

(1)民事责任。民事责任是指民事主体违反民事法律、违约或者基于民法规定所应承担的法律责任。民事责任主要是一种救济性、补偿性而非惩罚性的法律责任,包括违约责任和侵权责任等。[①] 在法律允许的条件下,大多数民事责任可以由当事人协商解决。

(2)违宪责任。违宪责任是指负有宪法义务的主体不履行或不适当履行义务而产生的法律责任。产生违宪责任的行为,通常表现为有关国家机关制定的某种法律、法规、规章与宪法相抵触,或者有关国家机关、社会组织或公民从事的活动违反宪法的规定等。

---

① 近些年来,有学者建议在侵权责任的构成中剔除"违法性"要件,这具有合理性,但是"违法性"不等于"不法性"。"在传统的侵权法理论中,侵权责任的构成包括构成要件、不法性与有责性三个层次。其中不法性是指无正当理由侵害他人权利或法益,即从整体法秩序角度所作的正当性判断,不法意味着侵害权利或法益而无正当事由(正当防卫、紧急避险、自助行为等),其要旨并不在于强调对具体法规范的违反。"参见余军、朱新力:《法律责任概念的形式构造》,载《法学研究》2010年第4期。

(3) 刑事责任。刑事责任是行为人因犯罪行为所应承受的法律责任,是代表国家的司法机关根据刑事法律对犯罪行为所作的否定评价和对行为人进行的谴责。刑事责任的惩罚性意义非常明显。①

(4) 行政责任。行政责任是指行为人因实施违反行政法规定的义务的行为而应承担的法律后果。追究行政责任有行政处分和行政处罚两种形式。②

(5) 国家赔偿责任。国家赔偿责任是国家对于国家机关及其工作人员在行使公共权力、履行职责的过程中,损害权利主体的法定权利和利益,从而应承担的赔偿责任,包括行政赔偿责任和刑事赔偿责任。

(二) 基于过错在法律责任构成中的必要性的分类

基于行为人的主观过错是否为认定法律责任的必要条件,可以把法律责任分为过错责任、无过错责任和公平责任。

(1) 过错责任是指以行为人存在主观上的过错为必要条件的法律责

---

① 刑法犯罪三阶层理论为学说上用以判断行为人是否成立犯罪的理论之一,在大陆法系刑法学界被广泛接受和使用。该理论判断犯罪分三个步骤:构成要件该当性、违法性和有责性。同时满足构成要件该当性和违法性的行为是不法行为,一行为必须不法且行为人有责才能构成犯罪。不法(构成要件该当性、违法性)是针对行为本身所作的价值判断,而有责性是针对行为人的价值判断。构成要件该当性,是指在罪刑法定原则之下,行为人之行为在客观上符合刑法所规定的犯罪客观构成要件,行为人在主观上也符合刑法所规定的主观构成要件(犯罪之故意或过失),则可以认定该行为满足构成要件该当性。"无责任即无刑罚"是大陆法系国家刑法理论的一项基本原则。有责性,是指能对行为人的犯罪行为进行谴责,包括以下要素:(1) 责任能力。即具备被谴责可能性前提的资格。凡是具有认识能力和控制能力的人,就被认为具有责任能力。(2) 故意或过失。作为责任要素的故意,是指在认识构成要件事实的基础上,具有违法性认识以及产生这种意识的可能性。过失是违反主观注意义务而具有谴责可能性。(3) 期待可能性。是指在行为当时的具体情况下,期待行为人做出合法行为的可能性。缺乏违法性认识和期待可能性是有责性的阻却事由。

② 行政处分适用于国家工作人员的一般违法失职行为,只能由国家机关和事业单位执行,其救济渠道为复核和申诉。行政处罚则适用于所有的公民、法人或其他组织违反某种特定的、设定有行政处罚的法律、法规、规章的违法行为;行政处罚既可由行政机关执行,也可由行政机关申请人民法院强制执行;行政处罚的救济渠道为行政复议和行政诉讼。

任。法律上的过错,是指行为人对其实施某种行为及其损害结果的发生所持的一种心理状态,是行为人认识因素和意志因素的结合。过错包括故意和过失。过错的存在反映了行为人对法律所保护的权利和利益的否定性心理。故意是指行为人明知自己的行为会发生损害结果而希望或放任结果发生的心理状态。故意分为直接故意和间接故意。过失是指行为人应当预见自己的行为可能发生危害后果,因为疏忽大意而没有预见或已经预见但轻信能够避免,以致结果发生的心理状态。过失分为疏忽大意的过失和轻信避免的过失。

(2) 无过错责任是指法律责任的认定不以行为人主观上存在过错为必要条件。无过错责任原则必须在法律规定的范围内适用,不能随意扩大或者缩小其适用范围。

(3) 公平责任是指在当事人均无过错,又不能适用无过错责任要求行为人承担责任的,依据法律的规定,由当事人共同承担不利后果的责任类型。

## 第二节 法律责任的归结

### 一、法律责任的归结

法律责任的归结,简称"归责",是指特定的国家机关根据法定程序判断、确认、追究以及免除法律责任的专门性活动。

归责的核心意义在于"使遭受损害之权益,与促使损害发生之原因者结合,将损害因而转嫁由原因者承担"[①]。归责直接关涉行为人的人身和财产利益,会对责任主体施加不利后果,因而必须遵循特定原则和程序进行。

### 二、法律责任的构成要件

法律责任的构成要件是基于法律规定,决定某一行为人承担法律责任

---

① 邱聪智:《民法研究(一)(增订版)》,中国人民大学出版社2002年版,第84页。

所必须具备的主、客观条件。它是行为人承担法律责任的归责要素,是要求行为人承担法律责任所依据的判断标准和尺度。根据通说,法律责任的构成要件有五个:责任主体、责任事由、损害结果、因果关系和主观过错。

1. 责任主体

责任主体要解决的是法律责任由谁承担的问题,是法律责任构成中不可缺的因素。没有责任主体,也就失去了归结法律责任的必要性和可能性。责任主体通常情况下与行为主体是一致的,但在少数情况下,也存在责任主体与行为主体相分离的情形。例如,在未成年人违法案件中,未成年人是行为主体,而相应的法律责任则由其监护人承担。又如,在法人犯罪中,法人是犯罪行为主体,而法定代表人或直接责任人却成为责任主体。

责任主体与行为主体分离的情况是因为责任主体需要具备责任能力,而责任能力通常依据行为主体的年龄、精神状况来判定。我国法律根据法律责任的类别,确定了不同的承担法律责任的年龄。例如,我国《刑法》第17条规定了不同年龄的人犯罪的刑事责任。

2. 责任事由

责任事由是作为法律责任产生之因的行为、事实或法律规定。在行为层面,损害他人利益的行为应该是行为人在自己意识支配下完成的;它可以表现为积极的作为,也可以表现为消极的不作为;无论采取什么样的行为方式,都必须表现为客观化的外部活动。如果仅停留在思想领域而没有外化,则不属于法律上的行为范畴,不存在承担法律责任的问题。责任事由是法律责任构成的必要要件,没有责任事由,就不会产生法律责任问题。

3. 损害事实

损害事实是指行为对法律所保护利益所造成的损害,包括实际损害、丧失所得利益以及预期可得利益等。此处的损害事实不是事实性描述,而是对法律所保护的权利和利益的侵害事实。损害事实是法律责任构成的必要条件,任何行为只有在致他人损害、造成损害结果的情况下才可能承担法律责任。损害结果可以是物质性(人身、财产)的损害,也可以是非物质性(精神)的损害。无论是物质性损害还是非物质性损害,都必须具有确定性,能够通过客观化的手段和方式计算和测量。

责任事由和损害事实构成认定法律责任所需要的不法侵害。

4. 因果关系

通说认为,法律责任上的因果关系是指违法事实与损害结果之间的必然联系。它具有客观性,表现为违法事实与其引起、产生或造成的损害结果之间的客观联系;违法行为或违约行为是原因,损害事实是后果,两者之间存在着不以人的意志为转移的内在联系。本书认为,法律责任上的因果关系还表现在法律责任的产生与责任事由(行为、事实或法律规定)之间具有法律上的因果关系。因果关系是认定和归结法律责任的基本要件,法律禁止无因归责和责任转嫁。

5. 主观过错

主观过错是行为人实施违法行为或违约行为时的主观心理状态,包括故意和过失。故意是指行为人明知自己的行为会发生损害结果,仍然希望或放任损害结果的发生的心理状态;过失是指行为人对损害结果应当预见或能够预见而没有预见,或者虽然预见却轻信可以避免的一种心理状态。不同的主观心理状态与认定某一行为是否应承担法律责任以及应当承担何种法律责任有着直接的关联。在过错责任中,主观过错是归责的必要条件。作为责任要素的故意,要求行为人在认识构成要件事实的基础上,具有违法性认识以及产生这种意识的可能性。过失强调的是,行为人因违反主观注意义务而具有谴责可能性。

### 三、法律责任的归责原则

法律责任的归结一般应遵循下列原则:

1. 责任法定原则

责任法定原则是指,法律责任作为一种不利负担,应当由法律规范预先明确且合理地加以规定。责任法定原则的基本要求包括:(1)违法事实发生后,应当按照法律规范事先规定的性质、范围、程度、期限和方式等追究法律责任;(2)坚持罪刑法定、法无明文规定不为罪、法无明文规定不处罚等原则,排除任何没有法律依据的责任;(3)坚持法不溯及既往,摒弃对行为人不利的溯及既往。

2. 责任相称原则

责任相称原则是指,法律责任的大小、处罚的轻重应与违法事实的轻重相适应,做到罚责均衡、罚当其罪、赔偿不超额。责任相称原则的具体要求包括"三个适应":(1)法律责任的性质与违法事实的性质相适应;(2)法律责任的种类、轻重与违法事实的具体情节相适应;(3)法律责任的轻重、种类与行为人的主观恶性相适应。

3. 责任自负原则

责任自负原则是指,责任主体必须依法承担应由自己承担的法律责任。责任自负原则的基本要求是:(1)责任主体必须对依法应由自己承担的责任负责,不推脱和转嫁责任;(2)反对株连,不能让没有违法行为或无法律根据的人承担法律责任。①

## 第三节 法律责任的实现

法律责任的实现,就责任主体来说是法律责任的承担,就国家来说是法律责任的执行。通过法律责任的实现,对受侵害的权利和利益进行功利性补救(补偿),对违法行为进行道义性谴责(惩罚、强制)②,从而弥补损害,体现法律权威,实现法律秩序。在执行法律责任的过程中,还存在一种特殊情

---

① 这里需要说明的是,基于人道主义考虑或保护社会利益的需要,在某些情况下存在责任转移承担的情况,如监护人对被监护人的替代责任。

② 通说认为,正是在这个意义上,设定和执行法律责任的目的,或者说法律责任的功能既是道义性的,也是功利性的。之所以说它是道义性的,是因为强制违法者承担法律责任是基于"以其人之道还治其人之身""有恶必报"之类的道德观念;之所以说它是功利性的,是因为它不仅能起到特殊预防和一般预防的作用,还能通过补偿而安抚受害人。关于法律责任之目的、理由的各种学说,参见张文显:《二十世纪西方法哲学思潮研究》,法律出版社1996年版,第479—488页。另参见〔美〕H. C. A. 哈特:《惩罚与责任》,王勇等译,华夏出版社1989年版,第151—176页。

况,那就是倘若满足一定的条件,那么责任主体实际承担的法律责任可以减轻或免除。

## 一、法律责任的承担方式

法律责任的承担方式是指承担或追究法律责任的具体形式,包括惩罚、补偿与强制。

1. 惩罚

惩罚即法律制裁,是国家通过强制力对责任主体的人身、财产和精神实施制裁的责任方式,是最严厉的法律责任实现方式。惩罚(制裁)具体包括以下种类:

第一,民事制裁。民事制裁是指依照民事法律规定对责任主体依其所应承担的民事责任而实施的强制措施。民事制裁通常由侵权或违约引起,主要内容包括在国家强制下支付违约金或赔偿等。

第二,行政制裁。行政制裁是指依照行政法律规定对责任主体依其所应承担的行政责任而实施的强制措施,包括行政处罚和行政处分。行政处罚是由特定的行政机关对违反行政法律规定的责任主体所实施的惩罚措施,主要有警告、罚款、没收、行政拘留等。行政处分是指对违反法律规定的国家机关工作人员或被授权、委托的执法人员所实施的惩罚措施,主要有警告、记过、记大过、降级、撤职、开除等。

第三,刑事制裁。刑事制裁是指依照刑事法律规定对责任主体依其所应承担的刑事责任而实施的强制措施,通常称为"刑罚",是最严厉的法律制裁措施。我国法律规定的刑罚分为主刑和附加刑两类,包括自由刑、生命刑、资格刑和财产刑。其中,主刑包括管制、拘役、有期徒刑、无期徒刑、死刑,附加刑包括罚金、剥夺政治权利、没收财产等。

第四,违宪制裁。违宪制裁是指依照宪法的规定对责任主体依其所应承担的违宪责任而实施的一种强制措施。这种制裁往往和一个国家的违宪审查制度有关。其制裁措施主要有:撤销同宪法相抵触的法律、行政法规、地方性法规,罢免相关人员职务。

2. 补偿

补偿是通过国家强制力或当事人要求,责任主体以作为或不作为形式弥补或赔偿其所造成的损失的责任方式。补偿的方式除了对不法行为的否定、精神慰藉外,主要为财产上的赔偿、补偿。在我国,补偿主要包括民事补偿和国家赔偿两类。

第一,民事补偿。民事补偿是指依照民事法律规定责任主体应承担的停止侵害、弥补、赔偿等责任方式,具体包括停止侵害、排除妨碍、消除危险、返还财产、恢复原状、修理、重作、更换、赔偿损失、消除影响、恢复名誉等。承担民事责任的方式主要为民事补偿。

第二,国家赔偿。国家赔偿包括行政赔偿和司法赔偿。行政赔偿是因行政主体及其工作人员行使职权造成相对人损害,而国家给予受害人赔偿的一种责任方式,主要为因违法行政行为侵犯人身权的赔偿、因违法行政行为侵犯财产权的赔偿。此外,因征用土地等合法行政行为造成相对人损害的行政补救也属于行政赔偿。司法赔偿是因司法机关及其工作人员行使职权造成当事人损害,而国家给予受害人赔偿的一种责任方式。由于司法机关认定事实、适用法律的错误致使当事人受到损害的,国家应给予相应的赔偿。

3. 强制

强制是指国家通过强制力迫使不履行义务的责任主体履行义务的责任方式。强制包括对人身的强制、对财产的强制。对人身的强制有拘留、强制传唤、强制戒毒、强制治疗、强制检疫等方式,对财产的强制有强制划拨、强制扣缴、强制拆除、强制拍卖、强制变卖等方式。强制是行政责任的主要方式。

## 二、法律责任的减轻与免除

法律责任的减轻和免除,即通常所称的"免责",是指行为人的违法事实虽已具备承担法律责任的条件,但由于出现法定的情形或事由,行为人实际上被部分或全部免除承担法律责任。它与"无责任"或"不负责任"不同,后者尽管行为人形式上应承担法律责任,但实质上并不完全具备法律责任的构成要件,故不承担法律责任,如行为人达不到责任年龄、精神不健全,正当防卫,紧急避险等。免责不意味着特定的行为是合理的、为法律所许可的,不是否认其行为违法性。

免责的条件和方式在不同的法律部门中有不同的规定,免责情形往往因为法律责任的性质不同而有所区别。民事责任因其私法的功利性、补偿性而倾向于当事人意思自治,其免责包括时效免责、意定免责、不诉免责和有效补救免责等。刑事责任因其公法的惩罚性,其免责要求符合法定性、道义性条件,如自首、立功免责和刑事时效免责。同时,这种免责须由法律规定和法定国家机关认定,而不像民事责任更注重当事人的意思自治。具体而论,我国法律规定的免责条件和方式主要包括:

(1) 时效免责。即应承担法律责任的主体因其行为而承担法律责任有一定追诉期限的限制。在该期限过后,责任主体即不再承担强制性的法律责任。如民法、刑法中的追诉时效的规定。

(2) 不诉免责。即所谓"告诉才处理""不告不理"。民事责任的归责一般以此为原则,有些轻微的刑事违法行为也采用此原则。不告不理意味着,若当事人自愿不主张司法救济,国家即不会对违法者课以责任,法律责任则在实际上被免除。

(3) 协议免责或意定免责。即基于双方当事人在法律允许范围内协商同意的免责。这种免责仅存在于私法领域,是私法意思自治原则的体现。

(4) 责任主体消亡免责。即责任主体死亡而导致法律责任的消灭。

(5) 判决、裁定免责。是指经司法机关或其他有权机关通过判决或裁定免除法律责任,包括自首、立功免责,补救免责,人道主义免责等。自首、立功免责,即以自首、立功为免责条件,在行为主体违法应承担法律责任的前提下,若具备自首、立功的情节,可部分或全部免除法律责任。补救免责,是指对于实施违法行为造成一定损害,但在法定机关归责之前采取及时补救措施的人,免除其部分或全部责任。人道主义免责,是指在责任主体没有能力履行责任或履行全部责任的情况下,有关的国家机关可出于人道主义考虑免除或部分免除责任主体的责任,主要适用于损害赔偿责任中。

# 第十二章
Chapter 12

# 法治原理

法治是一个内涵丰富的概念和范畴。迄今为止,法律发展的最大成就表现为法治的普遍确立。从本体构造来解析,法治从形式结构到实质指向都可以在法的本体论延长线上找到坐标。法治表征了通过法律来调整人际关系和社会秩序的含义,表征了通过一整套制度安排来维护个人权利、控制国家权力的理念,表征了对权利优先、权力制约、法律至上、程序本位、良法之治等理念和价值的推崇。在这些方面,法治与人治、德治、法制等有着明显的差别。法治有形式法治和实质法治之分,形式法治观体现了对规则至上、法律的确定性等形式因素的优先强调,实质法治观体现了对法治目的、功能和实际效果的侧重追求。不同历史和区域的法治具有共性表象和特征,同时法治的产生与运行都根植于具体场景,因此法治具有特殊面相和本土形态。我国的法治建设要基于本国国情,在规范建设、法治实施、监督保障以及价值观念等方面回应实践需求。

## 第一节 法治概述

### 一、法治的基本内涵

随着人类法律文明的发展,法律规范与法律观念经历了从无到有,从简到繁,从不完善到相对完善的历史过程。在这个过程中,随着人们对自身利益和行为方式认识的更新,处理人际关系的方式方法不断地凝结为规范体系、制度体系,形成法治模式。但是,在不同的历史时期和不同的国家,法治的形式、法治所承载的价值和功能是不同的。① 也就是说,在发生学意义上,法治没有一个共识性的概念。

法治是一个含义丰富的范畴,"一个无比重要的、但未被定义,也不是随便就能定义的概念,它意指所有的权威机构、立法、行政、司法及其他机构都要服从于某些原则。这些原则一般被看作表达了法律的各种特性,如:正义的基本原则、道德原则、公平和合理诉讼程序的观念,它含有对个人的至高无上的价值观念和尊严的尊重"②。从描述意义上说,法治表征了法律规范、法律制度和法律文化发展到一定程度后所形成的一种社会治理、国家治理的形式和状态。

关于法治,亚里士多德有一个经典的描述:"已经成立的法律获得普遍的服从,而大家所服从的法律又应该是制定得良好的法律。"③大体而言,前者侧重于形式法治,后者侧重于实质法治。简单地说,法治就是守法命题和良法命题的组合。从字面上看,法治意味着法律的统治。在实践层面,广义的法治意味着人们应当遵守法律并受法律的统治,狭义的法治被认为是政府受法律的统治并服从法律。在理论层面,法治有形式法治(Formal Rule of Law)和实质法治(Substantive Rule of Law)的分野。

(一)形式法治观

从形式法治观层面看,有关法治含义的系统性阐释,为人所熟知的是英

---

① 本书侧重于从本体构造方面分析相关问题,对法治起源和历史不做具体展开,有关论述可参阅郑永流:《法治四章:英德渊源、国际标准和中国问题》,中国政法大学出版社 2002 年版;〔美〕布雷恩·Z. 塔玛纳哈:《论法治——历史、政治和理论》,李桂林译,武汉大学出版社 2010 年版;〔英〕马丁·洛克林:《公法的基础》,张晓燕译,复旦大学出版社 2023 年版,第 453—467 页。

② 〔英〕戴维·M. 沃克:《牛津法律大辞典》,北京社会与科技发展研究所组织翻译,光明日报出版社 1988 年版,第 791 页。

③ 〔古希腊〕亚里士多德:《政治学》,吴寿彭译,商务印书馆 1965 年版,第 199 页。

国宪法学家戴雪的阐释。戴雪提出了著名的法治三原则:"除非明确违反国家一般法院以惯常合法方式所确定的法律,任何人不受惩罚,其人身或财产不受侵害";"任何人不得凌驾于法律之上,且所有人,不论地位条件如何,都要服从国家一般法律,服从一般法院的审判管辖权";"个人的权利以一般法院中提起的特定案件决定之"。[1] 戴雪关于法治的界定,一方面强调了违法行为须基于法律由法院来认定,任何人都不能超越法律,法律产生于普通法法院的审判实践。其形式化特征在于,法治只有通过坚持从传统中继承而来的程序和法院实践才能得以维持。另一方面,明确了对代议机关所具有的权力协调和权力制约机制的关注和强调。这一点使其法治理论超越了形式层面的局限。英国公法学家洛克林在解析戴雪的主张时指出,"议会主权最大的特征就是对法律最高性的认同,因为议会的命令只有通过集合作为其构成要素的三个部分的意愿才能落实。因此,就需要在王室、贵族和平民之间建立一种协调价值以保持平衡,这种内部的平衡就能够对权力构成有效的约束"。[2]

美国自然法学家朗·富勒指出,法治具有如下特征与原则:(1) 法应具有一般性;(2) 法应公布;(3) 法不溯及既往;(4) 法应清晰明确;(5) 法不应自相矛盾;(6) 法不应要求不可能实现之事;(7) 法应保持稳定;(8) 官方行动应与公布的法保持一致。[3]

英国法律实证主义学者约瑟夫·拉兹的形式法治理论具有典型性。拉兹认为,法治有八项原则,而这些原则都直接关系到政府在法治事务中的制度和方法:(1) 所有法律都应当可预期、公开且明晰;(2) 法律应当相对稳

---

[1] 本处采用高鸿钧教授的翻译,参见高鸿钧:《现代西方法治的冲突与整合》,载高鸿钧主编:《清华法治论衡(第一辑)》,清华大学出版社 2000 年版,第 3 页。关于戴雪法治观具体内容的论述,参见〔英〕戴雪:《英宪精义》,雷宾南译,中国法制出版社 2001 年版,第 232—245 页;〔英〕汤姆·宾汉姆:《法治》,毛国权译,中国政法大学出版社 2012 年版,第 3—14 页。

[2] 〔英〕马丁·洛克林:《公法的基础》,张晓燕译,复旦大学出版社 2023 年版,第 454—457 页。

[3] 参见〔美〕富勒:《法律的道德性》,郑戈译,商务印书馆 2005 年版,第 55—107 页。

定;(3)特别法的制定应遵守公开的、稳定的、明确的和一般的规则;(4)应当确保司法机关独立审判;(5)必须遵守自然正义的原则;(6)法院应对其他原则的执行有审查权;(7)法院应当便于进入;(8)不应容许预防犯罪的机关利用自由裁量权歪曲法律。①

形式法治观体现了对规则至上、程序本位以及法律确定性等方面的优先强调,在规则层面表现出一定的保守取向。从形式法治观所坚持的要素看,由弱到强法治分别意味着:依法治理,即法律是国家管理事务的工具;法律公开、明确、稳定、不溯及既往等,这些形式合法性有助于人们形成有关法律的共识,确保法律成为人们规划行动的根据。形式合法性强调政府要确立和维护受法律规则约束的秩序;②通过引入民主等商谈机制,法律被视为源自公民的参与和创制,基于此种机制的法律具有限制政府权力和行为的功能。

综上所述,形式法治观的特征可以概括为:

(1)强调依法统治,把法治作为治理国家的主要方法。主张法律至上的地位,确保所有机构和个人受法律的约束。

(2)强调法律自治,强调法律与道德、宗教等社会规范的区分和分离,在法治原则中排除实体机制,保持形式化的特征。

(3)在形式层面强调法律面前人人平等,反对旨在追求结果平等或限制实际不平等的措施。

(4)坚持法律的一般性和普遍性,反对特别法,反对对不利人群的特殊关照。

(5)在司法中强调形式公正或程序公正,反对掺入具有价值意向的道义原则。

(6)特别强调维护个人自由,坚持私域空间,确保个人不受政府、团体

---

① 参见〔英〕约瑟夫·拉兹:《法律的权威:关于法律与道德论文集(第二版)》,朱峰译,法律出版社2021年版,第256—261页。
② 哈耶克、拉兹、昂格尔等赞同形式法治观,他们的形式法治观版本强调形式合法性这一属性和特征。比如关于平等,法律上的平等意味着规则同等地适用于每个人,不考虑财富、地位、种族或宗教等因素。

或他人的非法干预。

(7) 主张法律的稳定性、公开性和明确性。①

(二) 实质法治观

形式法治观有其自身的局限,"形式合法性只处理法律应该采取何种形式的问题,不解决其适用比例或适用情形的问题"②。马克思对资本主义私有制的批判,深刻揭示了作为统治工具的资本主义法律的本质。伴随着福利立法增加、公私法界限模糊、人权保护理念强化、多元规范涌现等情形的出现,形式法治观越发显现其局限和不足,学者们从不同角度对法治进行拓展性解释。在这种背景下,法治理念被逐渐赋予新的实质含义。前述戴雪对法律权威的推崇、对权力制约的强调和对法律明确人人平等的确认,为人们扩展理解法治提供了基础。

约翰·罗尔斯论述了正义在法治和制度中的价值,"一个法律体系是一系列强制性的调整理性人的行为并为社会合作提供某种框架的公开规则。当这些规则是正义的时,它们就建立了合法期望的基础。它们构成了人们相互信赖以及当他们的期望没有实现时就可直接提出反对的基础。"③在罗尔斯看来,法治确认了法律体系的几个特征:第一,法治所要求和禁止的行为应该是人们合理地被期望去做或不做的行为;第二,这种"应当意味着能够"可以表达出立法者及命令发出者真诚地相信规则被服从和执行;第三,法律的无力施行是非常严重的事情,应该把执行的不可能性看成防卫或缓行的情况。④

1959年,在印度德里举行的国际法学家大会讨论了法治的内涵,提出了一系列具有广泛包容性的实质性法治原则:(1) 立法机关的职能在于创

---

① 参见高鸿钧:《现代西方法治的冲突与整合》,载高鸿钧主编:《清华法治论衡(第一辑)》,清华大学出版社2000年版,第8页。
② 〔美〕布雷恩·Z. 塔玛纳哈:《论法治——历史、政治和理论》,李桂林译,武汉大学出版社2010年版,第127页。
③ 〔美〕约翰·罗尔斯:《正义论(修订版)》,何怀宏等译,中国社会科学出版社2009年版,第184页。
④ 同上书,第185—186页。

设保持人类尊严的条件;(2)法治不仅要为制止权力滥用提供法律保障,还要使政府保证人们具有充分的经济社会条件;(3)司法权独立行使和律师权利保障是法治的必要条件。《德里宣言》指出,法治在职业共同体中存有广泛共识;全部国家权力应来源于法律并依法行使;坚持法律对个人至高价值的尊重,某些原则、制度和程序是法治的基础,与此同时在不同的国家会提出强调特殊的原则、制度和程序,这对抵制专断政府、维护个人尊严至关重要。[1]

实质法治观体现了对法治的目的、功能和实际效果的追求,强调对法律效果的诉求,体现了对权利至上、权力约束、良法之治等价值的追求。强调实质法治观,有时可能冲击形式法治规则的安定性。不同的实质法治观侧重点不同,大体而言,限制专制权力和维护个人权利自由是各种版本的实质法治观的最低共识。与形式法治观不同,实质法治观的特征表现为:

(1)实质法治观不仅强调依法治理,强调法律至上,而且还主张防止恶法,主张以实在法之外的标准衡量法律;

(2)实质法治观也重视法律平等,但与形式法治对形式平等的推崇不同,实质法治尝试对形式平等的缺陷作出制度性弥补;

(3)实质法治观主张基本权利不可剥夺,反对以"最大多数人的最大幸福"为借口牺牲少数人的权利和利益;

(4)与形式法治观主张法律的合法性源于法律自身不同,实质法治观主张法律不是一个自我封闭的系统,法治具有不自足性,尝试寻求法律的实质合法性;

(5)实质法治观试图超越僵化的程序本位主义,立足并超越程序正义追求实质正义。

(三)一个描述性的概念

实际上,形式法治观和实质法治观并不是绝对矛盾和不可调和的。20

---

[1] 参见高鸿钧:《现代西方法治的冲突与整合》,载高鸿钧主编:《清华法治论衡(第一辑)》,清华大学出版社2000年版,第21页。

世纪中期以来,为了回应和解释法律与社会之间的新问题,出现了"回应型法""反思型法",以及法的"自创生系统"和系统论法学理论,这些理论在调和形式法治与实质法治方面作出了一系列探索。《牛津法律大辞典》指出,"法治的内容是:对立法权的限制;反对滥用行政权力的保护措施;获得法律的忠告、帮助和保护的大量的和平等的机会;对个人和团体各种权利和自由的正当保护;以及在法律面前人人平等。"[①]这在一定程度上体现了法治在形式与实质层面具有相容性。

充分吸收形式法治观和实质法治观的合理因素,我们提出一个法治的描述性的概念,并借此体现其规范性属性和特征:法治即"法的统治",它是以科学完备的法律规范体系为前提,坚持法律至上,保障公民权利与国家权力协调统一,通过法律实施实现民主、自由、平等、公正的社会治理方式和社会秩序状态。"法治"一般具有以下单独或综合含义:

1. 法治体现了依法治国的基本方略

运用法律还是依靠贤能的个人、道德教化治理国家,对这个问题的不同回答分别构成法治与人治、德治的基本区别。法治是与人治对立的治国方略。这种对立在不同时期和不同层面表现各不相同。法治论强调运用法律规范治理社会,人治论则强调"为政在人",如《荀子·君道》中指出的,"法者,治之端也;君子者,治之原也。"古希腊思想家强调"法治应当优于一人之治",人治论者则强调圣贤的智慧及其解决具体问题的个别指导作用。近代社会,法治论与人治论的对立主要体现在民主与专制、主权在民与主权在君、共和政体与君主专制的对立。现代社会,法治论与人治论的对立主要表现为注重法律的社会作用同法律虚无主义的对立。作为规范手段,法治坚持法律至上,强调通过法律来治理国家与社会,德治注重道德在社会治理中的作用。

2. 法治体现限制权力的基本理念

现代法治的精髓是公权力接受法律的约束,"法治的存在归功于一种普

---

① 〔英〕戴维·M. 沃克:《牛津法律大辞典》,北京社会与科技发展研究所组织翻译,光明日报出版社 1988 年版,第 790 页。

遍且毋庸置疑的信念，即相信法治、相信对政府的某些法律限制"①。从这个意义上讲，现代法治与古代法制是对立的；当赋予某种特定的法律制度（法制）以至上和普遍等要求的时候，它就具备了"法治"的品格，从而与人治区别开来。把权力关进制度的"笼子"里，依法设定、规范、制约和监督权力，体现了通过法治对国家权力进行制度性约束的理念。

3. 法治是一种民主的政治实践模式

"民主"的词语和含义最早由希腊语的 demos（人民）和 kratia（统治或权威）组合和派生而来，意指民治的政府，从而与一个人的统治（君主制或僭主制）或少数人的统治（贵族制或寡头制）区别。当然，即便在雅典民主的顶峰时期，"人民"的范围也只是限于成年男子中的一小部分。② 在柏拉图和亚里士多德看来，民主不值得推崇，它常常与乌合之众、贱民和暴民统治联系在一起。近代开始，民主成为权力来源和国家合法性的一种思想论证工具。社会契约论明确了政府权威来源于人民的权利。按照卢梭的解释，合理的国家只能通过民主的方式结合而成，"结合者，他们集体地就称为人民；个人的，作为主权权威的参与者，就叫做公民"③。此后，民主理论和实践集中于扩大公民权利（财产所有制、自由、平等等）、确认统治者（选举与弹劾）、统治范围（有限政府）、统治方式（直接民主还是间接民主），民主理论和实践语境也从传统的城邦国家转向现代民族国家。④ 在现代制度语境中，"民主"可以被用来指人民主权、人民政府、代议制政府甚至共和制或法治政府。在罗伯特·达尔看来，一个理想的民主须满足五个标准：成员的有效参与（effective participation）、成员选票平等（equality in voting）、充分知情（gaining enlightened understanding）、对议程的最终控制（exercising final control over

---

① 〔美〕布雷恩·Z. 塔玛纳哈：《论法治——历史、政治和理论》，李桂林译，武汉大学出版社 2010 年版，第 74 页。
② 参见〔美〕乔万尼·萨托利：《民主新论》，冯克利、阎克文译，上海人民出版社 2009 年版，第 35 页。
③ 〔法〕卢梭：《社会契约论》，何兆武译，商务印书馆 1980 年版，第 26 页。
④ 参见〔英〕戴维·米勒、韦农·波格丹诺主编：《布莱克维尔政治学百科全书（修订版）》，邓正来译，中国政法大学出版社 2002 年版，第 202—205 页。

the agenda)、平等的成年人公民权(inclusion of adults)。[1] 列宁指出,"民主是国家形式,是国家形态的一种。因此,它同任何国家一样,也是有组织有系统地对人们使用暴力,这是一方面。但另一方面,民主意味着在形式上承认公民一律平等,承认大家都有决定国家制度和管理国家的平等权利。"[2]

民主在程序上意味着一种表决参与机制,典型的民主形式就是采用"多数决"的原则和方法来作出一项集体决定。在实质含义上,民主与专制相对应,它意味着公民或人民当家做主进行统治;民主能够有效避免暴政、维护基本权利、确认道德自主、支持自主决定等。现代民主观念的产生与近代以来限制君主权力的法律实践有着内在的关联。民主的缺陷在于,有时候民众可能相对缺乏判断、理解和处理现代公共事务的专业能力,并且容易为自身和外界的情绪所鼓动。[3] 从历史上看,现代法治的产生是与资产阶级民主联系在一起的。法治作为一种民主的政治实践模式,其基本要求是将国家权力的运行纳入法律轨道,使国家权力受到相应的控制,包括受法律的控制、受权力的制衡、受权利的约束。

4. 法治表征了一种良好的秩序观念

法治承载着特定的价值,是民主、自由、平等、人权、理性、文明、秩序、效益和合法性的结合。法治不仅意味着依法治理,还意味着"良法之治",即法律本身应该符合正义原则、平等原则、维护人的尊严等人类向往的理想价值观念。法治不但有实证标准,也有道德标准。就现代社会来说,法治的道德标准或价值取向至少应当包括:法律体现人民主权、法律至上、法律面前人人平等、权利推定、无溯及力等。

总之,法治是一个综合的、开放的概念,它承载着多重含义。在我国法

---

[1] 参见〔美〕罗伯特·达尔:《论民主》,李柏光、林猛译,商务印书馆1999年版,第43页。
[2] 《列宁选集》第3卷,人民出版社1995年版,第201页。
[3] 〔英〕戴维·M. 沃克:《牛津法律大辞典》,北京社会与科技发展研究所组织翻译,光明日报出版社1988年版,第252页。

治建设语境下,"依法治国"是其外在形式,"良法之治"是其内在特质,其主旨在于依据特定的价值观来构建处理国家、社会和公民关系的基本方式,形成以法律为主导的治理模式,实现理性的社会状态和社会秩序。

## 二、法治与法制、人治

### (一) 法治与法制

"法制"(legal system)一般是"法律制度"的简称,是一个中性的描述性概念,强调的是实际存在的法律规范和制度体系。"法治"(rule of law)则是法制的特殊形态,在形式和实质方面体现了特殊要求,即良法善治。就两者关系而言,有法制并不一定有法治,但没有法制,却绝对谈不上有法治,任何法治都是以法制为基础建立起来的。在法律是统治和治理工具这个意义上,形式法治基本等同于法制,其区别在于,在权利优先、限制国家权力等方面,法制没有呈现出统一明确的立场。一般来说,法治与法制的主要区别如下:

第一,与权力之间的关系不同。这是法治与法制的重要区别。"法治的最广义理解是一条延续了 2000 年,常常被磨细但从没有彻底磨断的线索:主权者、国家及其官员受法律限制。"[①]法治强调的是法的统治,奉行法律至上,主张一切权力都要受到法律的制约。法制并不必然包含这样的含义。

第二,产生和存在的时代不同。从严格意义上讲,现代法治是资产阶级革命的产物,是直到资本主义时代才产生并建立的,只有在资本主义社会和社会主义社会才存在。法制则是从法律出现以来就产生的。在这个意义上,法制甚至是法律的另一种表述,早在奴隶制社会初期就产生了,它与奴隶制社会、封建制社会、资本主义社会和社会主义社会共始终。

第三,与民主、自由和人权等关系不同。一般来说,法治与民主、自由和人权等价值观念相联。在现代社会,民主通常是法治的政治基础,自由和人

---

① 〔美〕布雷恩·Z. 塔玛纳哈:《论法治——历史、政治和理论》,李桂林译,武汉大学出版社 2010 年版,第 147 页。

权是法治所要保障和维护的价值。法制与这些价值并没有必然的联系,它既可以为这些价值服务,也可以为反对这些价值的制度服务。

(二) 法治与人治

作为与法治相对的概念,人治是一种依靠领导人或统治者的意志和能力管理国家和社会、处理社会公共事务的治国方式。它与法治之间存在以下几个方面的差异:

第一,地位不同。在法治社会,法律是至高无上的,领导人或统治者必须服从法律,即使认为法律有所不妥,也必须服从;在人治社会,领导人或统治者具有超越法律的权力,法律只是纯粹的统治工具。

第二,政治基础不同。在现代社会,法治一般是以民主作为政治基础的,并且往往与自由、平等和人权等价值相联系;人治是以专制集权作为政治基础,并不奉行自由、平等、人权等价值理念。

第三,权力与法律的关系不同。在法治社会,任何权力都必须服从法律,权力受法律的约束是法治的基本特征;在人治社会,权力只服从于更高的权力,不会自觉地接受法律的约束。

简而言之,法治与人治的分界线在于,当法律与当权者的个人意志发生冲突时,是法律高于个人意志,还是个人意志凌驾于法律之上。

### 三、法治的局限

法治的实现是需要较高成本的。法律的创制和执行,各种法律机构的设置,各种细密繁杂的程序的履行,都依赖于一定的物质资源和人力资源。

法治作为一种治国方略并不是完美的。把法律作为治国的主要方式,意味着政策、行政等其他手段的使用范围和程度受到限制,权力的灵活度和自由度会降低。为了服从普遍规则,有时也会牺牲个案中的实质正义。实行法治会造成某些具有社会危害性的行为不受法律的调整或者调整的方式受到限制。

此外,法治在总体上能够提高社会控制的效率,但并不排除在具体情形下会导致办事效率的下降。①

## 第二节 法治国家

### 一、法治国家释义

"法治国家"或"法治国"是相对于"警察国家"的一种关于国家形式和治国方式的统称。警察国家的特点是,只有君主或掌握公权力者才是主权者,不受任何制约,臣民或公民对君主或公权力没有任何对抗的权利。与此相对,法治国家突出法治对国家权力、国家功能和国家体制的基本立场。

有学者把法治国家的基本要素概括为:(1)公布一部宪法,确立权力分立以限制国家权力的集中;(2)赋予保证公民免受他人侵犯或国家非法干预的基本权利;(3)行政机关依法办事;(4)对个人因征用、为公献身和政府滥用职权而造成之损失的国家赔偿义务;(5)法院为防止国家权力侵犯公民权利而提供法律保护;(6)司法独立审判制度的确立和禁止刑法的追溯力。②

简单地说,法治国家是指主要依靠良善之法、正义之法来治国理政与管理社会,从而使权力和权利得以合理配置的国家结构及其运行状态。其内涵强调了三点:(1)它吸收并突出了"善法之治"这一法治的基本前提;(2)从"治国方略"到"社会状态",它说明了建设法治国家的过程性,表述了手段与目的、形式与实质的关系;(3)它能够说明法治国家中的核心和实质问题——权力与权利的合理配置关系。③

### 二、法治国家的基本构造

第一,法治国家的政治形式应该是民主政体。政治统治模式实际上主

---

① 参见孙笑侠:《法的现象与观念》,山东人民出版社 2001 年版,第 338 页。
② 参见张文显主编:《法理学(第三版)》,法律出版社 2007 年版,第 87 页。
③ 同上。

要是政治体制的问题。法治国家在这方面的基本要求是实行民主政体。从世界各国来看,民主政体是法治国家根本的政治基础。因此,真正建立法治国家的也是近代革命以后的各民主国家。民主政体的特征在于:遵循预定程序,服从多数决策,容许少数意见。社会主义国家的体制属于民主共和政体,这为社会主义国家实现法治提供了坚实的政治基础和条件。当然,法治是否名副其实,还取决于国家内部权力结构的实质内容、具体制度及其完善程度。

第二,法治国家的国家权力结构应该是分工制约。法治国家要求国家权力的合理分工与有效制约。一个国家由谁来掌握统治权,政权机构如何组织,权力如何分配和制约,按照什么原则和规则来运转和行使权力,社会各种力量通过什么方式和途径来参与政治等,属于法治国家权力结构的基本问题。国家权力结构与法治国家关系十分密切。能否实现法治国家,取决于其权力结构中国家权力是否实行分工和制约。我国《宪法》第140条规定:"人民法院、人民检察院和公安机关办理刑事案件,应当分工负责,互相配合,互相制约,以保证准确有效地执行法律。"在我国,监察机关办理职务违法和职务犯罪案件,应当与审判机关、检察机关、执法部门互相配合,互相制约。通过权力分工协作的制度建设,加强对权力运行的制约和监督,把权力关进制度的"笼子"。

第三,法治国家的社会治理原则应该是服从法律治理。国家对社会进行控制的手段多种多样,其中法律具有更明显的优势:它是明确的、可事先预见的、普遍的、稳定的规范,为社会秩序的稳定提供了保障;它以权利和义务双重、双向的利导机制指引和评价人们的行为,给人们以日益丰富和扩大的选择机会和自由行动;它的规范、原则,使法律不仅具有对行为和社会的灵活的调节功能,还具有效率化的组织功能。法治国家的目标要求通过法律实行社会控制,社会整合主要通过法律实施和实现。

第四,法治国家的经济条件应该是市场经济。法治是以商品经济即市场经济为基础的。商品生产与交换中形成的契约关系和契约观念是法治生成的最重要因素。商品经济、契约观念、权利自由平等之间有着密切的联系。如果市场主体不平等、没有自主权,就不可能有真正的竞争。商品交换的特性决定了交换主体对意志自由、对权利平等的要求,市场对自由、平等和权利总是积极要求的。同时,市场机制也有缺陷,市场经济也存在固有的弱点,它无法克服经济周期性波动、社会总体运行失衡、垄断、经济活动的"外部性"问题、分配不公平等,需要国家通过法律形式对市场进行干预或宏观调控。所以,商品经济或市场经济是法治生成、存在和发展的肥沃土壤。

第五,法治国家的文化条件应该是理性文化。法治需要特定类型的文化为其文化基础,这就是理性文化。科学精神、人权思想、公民意识、权利义务观念等理性文化要素对于法治有着特别重要的作用。法治需要科学精神来支持。科学精神要求正视事实,实事求是地看待人性固有的弱点、社会固有的矛盾以及由此派生的法律的局限性。法治国家要靠社会成员行使权利和履行义务来实现,因此社会成员具有正确的、强烈的权利义务观念也是实行法治国家的重要条件。公民的权利义务观念应当包括:知晓自己的权利及其正当性、合法性、可行性和界限;在法定范围内主动追求和行使自己的权利,勇敢地捍卫自己的权利,但不可无视社会所能提供的物质和精神条件以及社会承受能力而盲目主张自己的权利,滥用自己的权利;对他人的一切合法的权利给予同等的尊重;认同并履行自己依法对他人、社会和国家负有的义务。

### 三、法治国家的标志

法治国家的标志可以分别从形式标志和实质标志两个方面考察。法治国家的形式标志由实质标志决定,实质标志则由国家的基本构造和社会条件决定。形式标志反映并影响实质标志,实质标志需要通过形式标志来体现。

法治国家的形式标志是指法治国家的外在表现方式以及实现法治国家的技术条件,主要包括完备统一的法律体系、普遍有效的法律规则、严格的执法制度、公正的司法制度、专门化的法律职业等。

法治国家的实质标志是指依据法治的精神形成的涉及重大关系的理性

化制度的确立和运行,涉及法律与政治、权力与责任、权力与权利、权利与义务等方面的关系。具体如下:

(1)法律与政治关系的理性化制度。法治国家坚持法律至上,国家权力受法律制约,行政手段和政策手段使用范围受限制,法治确认和保障民主。

(2)权力与责任关系的理性化制度。法治国家坚持权力与责任统一,坚持权力法定和责任法定,坚持国家消极责任和积极责任的统一,能够正确处理法治国家与福利社会之间的权力、责任关系。

(3)权力与权利的理性化制度。法治国家坚持权利优先,坚持权力受法律限制,坚持权利的"法无禁止即自由"和权力的"法无授权即禁止"原则。

(4)权利和义务的理性化制度。在立法和法律实施的全过程中,法治国家尊重公民的个人权利,同时也必须明确和履行相应的义务。在经济社会发展过程中,对于诸如智能科技、基因编辑、生殖医学等领域、新技术所引发的新型权利的法定化诉求,法治国家要充分考虑权利义务配置的实质平等。

## 第三节　当代中国的法治建设

### 一、改革开放以来的法治建设

我国的法治建设经历了艰辛曲折的过程。1978年党的十一届三中全会公报提出,"为了保障人民民主,必须加强社会主义法制,使民主制度化、法律化,使这种制度和法律具有稳定性、连续性和极大的权威,做到有法可依,有法必依,执法必严,违法必究。"1997年,党的十五大提出"依法治国,建设社会主义法治国家"的基本方略。1999年,"中华人民共和国实行依法治国,建设社会主义法治国家"写入宪法。2011年10月,国务院发布《中国特色社会主义法律体系》白皮书指出,截至2011年8月底,"涵盖社会关系各个方面的法律部门已经齐全,各个法律部门中基本的、主要的法律已经制定,相应的行政法规和地方性法规比较完备,法律体系内部总体做到科学和谐统一,中国特色社会主义法律体系已经形成"。中国特色社会主义法律体系已经形成,达成有法可依的目标。2012年,党的十八大报告指出,"法治是治国理政的基本方式。要推进科学立法、严格执法、公正司法、全民守法,坚持法律面前人人平等,保证有法必依、执法必严、违法必究。"

党的十八届四中全会通过的《中共中央关于全面推进依法治国若干重大问题的决定》提出,"全面推进依法治国,总目标是建设中国特色社会主义法治体系,建设社会主义法治国家。这就是,在中国共产党领导下,坚持中国特色社会主义制度,贯彻中国特色社会主义法治理论,形成完备的法律规范体系、高效的法治实施体系、严密的法治监督体系、有力的法治保障体系,形成完善的党内法规体系,坚持依法治国、依法执政、依法行政共同推进,坚持法治国家、法治政府、法治社会一体建设,实现科学立法、严格执法、公正司法、全民守法,促进国家治理体系和治理能力现代化。"

## 二、法治建设的"新十六字方针"

(1) 科学立法。立法为法治之端。立法应当从实际出发,适应实践需要,准确反映和体现要调整的社会关系的实际,遵循法律规范体系的内在规律。立法应科学合理地规定公民、法人和其他组织的权利义务以及国家机关的权力与责任。根据国家治理需要,立法确认国家机关必要的权力,同时对其加以制约,明确权力行使不当应承担的法律责任。法律规范应当明确,并应具有针对性和可执行性。立法要体现人民的意志,做到民主立法。要发扬民主,拓宽公民有序参与立法途径。坚持立法公开,健全立法机关和社会公众沟通机制。

(2) 严格执法。法治的要义是约束公共权力和国家权力,特别是政府的行政权力。规范意义上的严格执法并不是指执法尺度无限趋于严格甚至严苛,而是指行政机关执法要严格依照法律进行,即坚持依法行政原则。依法行政原则即行政合法性原则,是法治的基本要求,其基本含义是,为了保障公民的权益和公共利益,一切行政执法行为必须严格依照宪法和法律,包括合法行政和合理行政。① 严格执法要求行政机关坚持比例原则,坚持手段的妥当性与必要性以及法益的相称性。坚持正当程序原则,行政决策要公开透明,充分尊重公众和相对人的合法权益。另外,从积极行政的角度看,严格执法还包括政府应该实现良好行政,保护公民的合法预期。

(3) 公正司法。要保障司法机关依法独立行使司法权。必须坚持以事实为依据、以法律为准绳,坚持人民司法为人民,依靠人民推进公正司法。要构建开放、动态、透明、便民的阳光司法机制,推进审判公开、检务公开。

(4) 全民守法。树立宪法法律至上、法律面前人人平等的法治理念,引导全民自觉守法、遇事找法、解决问题靠法。要调动人民群众投身依法治国实践的积极性和主动性,使尊法守法成为全体人民的共同追求和自觉行动。增强法治的道德底蕴,强化规则意识,倡导契约精神,弘扬公序良俗,引导人们自觉履行法定义务、社会责任、家庭责任。

### 三、中国特色社会主义法治体系的构成

1. 形成完备的法律规范体系

坚持立改废释并举,加强重点领域、新兴领域、涉外领域立法。要积极推进国家安全、科技创新、公共卫生、生物安全、生态文明、防范风险、涉外法治等重要领域立法,健全国家治理急需的法律制度,满足人民日益增长的美好生活需要必备的法律制度。注重法律规范体系的系统性、协调性和完整性。针对法律规定之间不一致、不协调、不适应问题,要及时组织清理。某一领域有多部法律的,条件成熟时要进行法典编纂。推进科学立法、民主立法,提高立法质量。要完善立法体制,发挥人大在立法中的主导作用。要丰富立法形式,增强立法的针对性、适用性、可操作性。坚持立法和改革相衔

---

① 合法行政的具体要求是:(1) 行政机关职权法定或依法授予,不得超越职权;(2) 行政机关实施行政管理应当依法进行,没有法律依据,不得作出影响相对人权益或增加其义务、负担的决定;(3) 行政机关制定规范性文件不得与上位法相抵触;(4) 行政机关必须严格遵守行政程序。合理行政的具体要求是:(1) 目的适当,不得违反立法目的;(2) 相关性考虑,必须考虑相关因素,不得考虑不相关因素;(3) 手段适当。

接相促进，做到重大改革于法有据，充分发挥立法的引领和推动作用。

2. 形成高效的法治实施体系

构建职责明确、依法行政的政府治理体系，把政府活动全面纳入法治轨道，加快建设法治政府。要依法全面履行政府职能，深入推进简政放权，推行清单制度，加强事中事后监管。要严格落实重大行政决策程序制度，推动领导干部特别是主要负责同志掌握法治思维和法治方式，依法科学民主决策。加大决策合法性审查力度，完善决策程序。深化行政执法体制改革，推进执法规范化建设。推进司法体制综合配套改革，加强人权司法保障，建设公正高效权威的司法制度。要健全公安机关、检察机关、审判机关、司法行政机关各司其职，侦查权、检察权、审判权、执行权相互配合、相互制约的体制机制，深化司法体制综合配套改革，全面落实司法责任制。坚持"让审理者裁判、由裁判者负责"，"谁办案谁负责、谁决定谁负责"，深化以审判为中心的刑事诉讼制度改革，完善民事诉讼制度体系，深化执行体制改革，努力让人民群众在每一个司法案件中都感受到公平正义。

3. 形成严密的法治监督体系

完善权力运行制约和监督机制，规范立法、执法、司法机关权力行使，构建党统一领导、全面覆盖、权威高效的法治监督体系，加强对权力的监督，把权力关进制度的笼子里，确保权力运行的合法性、正当性。推进对法治工作的全面监督。加强党对法治监督工作的集中统一领导，把法治监督作为党和国家监督体系的重要内容，保证行政权、监察权、审判权、检察权得到依法正确行使。建立健全立法监督工作机制，完善监督程序。发挥备案审查制度的作用，实现有件必备、有备必审、有错必纠。加强对执法工作的监督，健全行政执法协调监督体系，强化行政复议的监督功能，加大对执法不作为、乱作为、选择性执法、逐利执法等行为的追责力度，落实执法责任制。加强对司法活动的监督，其中促进司法公正是形成严密的法治监督体系的关键。健全对法官、检察官办案的制约监督制度，加强对司法权力运行的监督管理，强化司法人员职业伦理，落实考核监督机制，完善司法人员的惩戒制度。

4. 形成有力的法治保障体系

加强政治、组织、队伍、人才、科技、信息等保障,为全面依法治国提供重要支撑。法治保障体系在中国特色社会主义法治体系中具有基础性地位。党的领导贯穿全面依法治国的全过程,要加强和改进党对全面依法治国的领导,坚持中国特色社会主义法治道路,为全面依法治国提供坚实的政治保障。要加强高素质法治工作队伍建设,重点打造一批思想政治素质过硬、业务工作能力突出、具有较高职业道德水准的法治工作队伍,加强机构建设和经费支持,为全面依法治国提供有力的人才支撑和物质保障。要充分运用大数据、云计算、人工智能等现代科技手段,推进法治建设的数据化、网络化、智能化,全面建设智慧法治,为法治中国建设提供有力的科技和信息化保障。要改革不符合法治运行规律、不利于依法治国的体制机制,为全面依法治国提供体制机制保障。要弘扬社会主义法治精神,建设社会主义法治文化,营造良好的文化氛围,为全面依法治国提供有力的社会保障。

5. 形成完善的党内法规体系

完善的党内法规体系是中国特色社会主义法治体系的重要组成部分。坚持依法治国和依规治党有机统一,加快形成覆盖党的领导和党的建设各方面的党内法规体系。不断完善党的组织法规、党的领导法规、党的自身建设法规、党的监督保障法规,构建内容科学、程序严密、配套完备、运行有效的党内法规体系。同时,要注重党内法规同国家法律的衔接和协调,努力形成国家法律和党内法规相辅相成、相互促进、相互保障的格局。抓好党内法规实施,提高党内法规的执行力,做到有规必执行、执规必严,确保党内法规制度得到有效实施,使党内法规真正落地。完善党内法规制定程序,提高党内法规质量,完善清理工作机制,加大党内法规备案审查和解释力度,维护党内法规体系的统一性和权威性。